高等院校素质教育系列教材

DAXUESHENG

XINLI JIANKANG

JIAOYU

大学生心理健康教育

董惠娟 等 主编

图书在版编目(CIP)数据

大学生心理健康教育/董惠娟等主编. —北京：北京大学出版社，2017.9
ISBN 978-7-301-28682-1

Ⅰ. ①大… Ⅱ. ①董… Ⅲ. ①大学生—心理健康—健康教育 Ⅳ. ①G444

中国版本图书馆 CIP 数据核字（2017）第 209202 号

书　　　名	大学生心理健康教育 DAXUESHENG XINLI JIANKANG JIAOYU
著作责任者	董惠娟　吴　捷　汤　宁　何伟华　主编
责任编辑	刘　啸　赵晴雪
标准书号	ISBN 978-7-301-28682-1
出版发行	北京大学出版社
地　　　址	北京市海淀区成府路 205 号　100871
网　　　址	http://www.pup.cn　新浪微博：@北京大学出版社
电子信箱	zpup@pup.cn
电　　　话	邮购部 62752015　发行部 62750672　编辑部 62752021
印刷者	三河市博文印刷有限公司
经销者	新华书店
	730 毫米×980 毫米　16 开本　12 印张　190 千字 2017 年 9 月第 1 版　2024 年 2 月第 7 次印刷
定　　　价	32.00 元

未经许可，不得以任何方式复制或抄袭本书之部分或全部内容。
版权所有，侵权必究
举报电话：010-62752024　电子信箱：fd@pup.pku.edu.cn
图书如有印装质量问题，请与出版部联系，电话：010-62756370

编委会

主　编： 董惠娟　　吴　捷　　汤　宁　　何伟华
副主编： 刘永梅　　唐雅娟　　马　振　　刘小茜
编　委： 高晓杰　　何　巍　　崔　晓　　王　伟
　　　　　　韩　丽　　董洁琼　　王晓萌　　李　民
　　　　　　梁静怡　　李玥莹　　王　斌　　王　猛
　　　　　　张云强　　张秀娟　　张　彬　　韦蕾蕾

前　　言

　　大学生心理健康教育课程是大学生接受心理健康教育的重要渠道，也是思想政治教育的重要载体。大学生心理健康教育工作坚持育心与育德相统一，能够帮助学生正确认识义和利、群和己、成和败、得和失，培养学生自尊自信、理性平和、积极向上的健康心态，促进学生心理健康素质与思想道德素质、科学文化素质的协调发展。

　　近年来，教育部出台了一系列加强大学生心理健康教育工作的文件，对大学生心理健康教育课程教学提出了明确的要求。2001 年颁布了《教育部关于加强普通高等学校大学生心理健康教育工作的意见》（教社政〔2001〕1 号），2002 年又制定了《普通高等学校大学生心理健康教育工作实施纲要(试行)》（教社政厅〔2002〕3 号）。2016 年 12 月 7 日，习近平总书记在全国高校思想政治工作会议上强调："要坚持不懈促进高校和谐稳定，培育理性平和的健康心态，加强人文关怀和心理疏导。"2016 年 12 月 30 日，国家卫生计生委、中宣部等 22 个部门联合印发《关于加强心理健康服务的指导意见》，提出高校要"重视提升大学生的心理调适能力，保持良好的适应能力，重视自杀预防，开展心理危机干预"。

　　党的二十大报告指出："教育、科技、人才是全面建设社会主义现代化国家的基础性、战略性支撑。"育人的根本在于立德，要"全面贯彻党的教育方针，落实立德树人根本任务，培养德智体美劳全面发展的社会主义建设者和接班人"。2023 年 4 月，教育部等十七部门联合印发《全面加强和改进新时代学生心理健康工作专项行动计划（2023—2025）》（教体艺〔2023〕1 号），表明了国家对大学生心理健康教育工作的高度重视。

　　早在 2012 年，我们就申报了广东省高等教育教学改革项目，"高校通识教育课程的探索与实践——以大学生心理健康教育课程为例"。在这样的背景下，我们精心编写了《大学生心理健康教育》这本教材，并于 2012 年 9 月由中山大学出版社出版，作为中山大学南方学院大学生心理健康教育课程教材使用，在 2 年半的使用过程中，师生总体反应良好。

　　2015 年，我们总结经验，吸收学科研究新成果，并邀请新的专家参与进来，对第一版的结构和具体内容进行了较多的调整、更新和增加，新版《大学生心理健康教育》结构更合理、内容更科学也更丰富，作为天津财经大学珠江学院的教学用书，希望能得到广大师生的关爱和鞭策，使之不断完善和日臻成熟。

　　2017 年 5 月，《大学生心理健康教育》已经在天津财经大学珠江学院使用了 2 年半，此期间，教育部和天津市教委对大学生心理健康教育做出了新的指示，我们也有了一些新的认识，尤其是我院从 2016 年积极倡导以"应用型"人才培养为指针的课程改造和教学改革。在此背景下，我们为进一步做好我院"大学生心理健康教育"课程的改造、拓展与教学改革，促进学生心理健康发展，在前面两版的基础上，对《大学生心理健康教育》这本教材进行了第三次修订。在本次修订过程中，多位曾经或正在教授"大学生心理健康教育"课程的老师提出了宝贵意见和修改建议，使本书更为立体化。

　　到目前为止，同类书已有多种版本，各具特色、各具优势，亦各有不足。我们认为，作为大学生心理健康教育课程的教材，至少应具备五个条件：结构的完整性、程序的渐进性、材料的先进性、观点的包容性、结果的实效性。

　　正如前文所言，本书是"教材"而非"专著"，所以必然要借鉴大量国内外的相关研究成果，基于作者的个性化构思和甄别，把它们组合起来，以实现作者的意图。在此，对国内外相关成果作者表示衷心的感谢，借鉴的资料在参考文献中尽量全面地列出，但由于资料庞杂，数量巨大，疏漏之处肯定存在，在此深表歉意。

本书既可作为大学生心理健康教育的教材，也可作为大学生自我教育读本。我们真诚地希望，本书的读者能从中有所收获，当然，对此我们也充满信心。

　　由于种种原因，疏漏、不足甚至错误肯定存在，希望读者斧正。

作　者

于天津财经大学珠江学院

2017 年 7 月

2024 年重印时修改

目　　录

第一章　大学生心理健康概述 ... 1
第一节　健康与心理健康 ... 1
第二节　大学生心理健康 ... 4
第三节　大学生心理健康教育 ... 7

第二章　心理适应 ... 21
第一节　适应的意义 ... 21
第二节　大学生的适应阶段 ... 22
第三节　大学适应问题与应对 ... 24
第四节　适应的普遍策略 ... 33

第三章　学习心理 ... 38
第一节　概述 ... 38
第二节　大学生的学习特点 ... 41
第三节　大学生学习心理问题与应对 ... 45
第四节　大学生学习策略 ... 50

第四章　人际交往 ... 69
第一节　人际交往的意义 ... 70
第二节　大学生人际交往的问题与应对 ... 72
第三节　人际交往策略 ... 79

第五章　恋爱与性心理 ... 91
第一节　大学生心理发展的基本特征 ... 91
第二节　大学生性心理发展的表现 ... 93
第三节　大学生的恋爱心理与行为 ... 95
第四节　大学生性心理卫生与健康指导 ... 102

第六章　网络心理健康教育 109
第一节　网络对大学生的影响 109
第二节　大学生网络心理问题与应对 114

第七章　择业心理 131
第一节　大学生择业的心理特点 131
第二节　大学生择业的心理问题及其影响因素与应对 134

第八章　创业心理 142
第一节　大学生创业的心理实际状态 143
第二节　大学生创业所需的心理素质 145
第三节　大学生创业心理素质的培养 148

附录1　心理学基础知识 155

附录2　心理问题的界定与评估 168

主要参考文献 181

第一章

大学生心理健康概述

第一节 健康与心理健康

一、健康的概念

1946年联合国世界卫生组织对"健康"的界定是:"生理、心理和社会适应的完好状态,而不仅仅指无疾病、不虚弱。"其基本内容包括:身体健康、心理健康和良好的社会适应三个方面。1989年联合国世界卫生组织又提出了21世纪健康新概念:"健康不仅是没有疾病,而且包括生理健康、心理健康、社会适应良好和道德健康。"

二、健康的标准

1989年,世界卫生组织提出了10条具体的健康标准:①有足够充沛的精力,能从容不迫地应付日常生活和工作压力而不感到过分的紧张。②处事乐观,态度积极,勇于承担责任。③善于休息,睡眠良好。④应变能力强,能适应环境的各种变化。⑤能抵抗一般性感冒和传染病。⑥体重得当,身材匀称。⑦眼睛明亮,反应敏锐,眼睑不易发炎。⑧牙齿清洁,无空洞,无痛感;齿龈颜色正常,无出血现象。⑨头发有光泽,无头皮屑。⑩肌肉和皮肤富有弹性,步伐轻松自如。

1999年,世界卫生组织归纳和总结了实践经验,又把身心健康的新标准概括为"五快三良好"。

"五快"是生理健康标准：快食、快眠、快便、快语、快行。其具体内容为："快食"包括胃口好、不挑食、不偏食、不狼吞虎咽；"快眠"是指入睡快、睡眠质量高、精神饱满；"快便"是指大小便通畅、便时无痛苦、便后感舒适；"快语"是指思维敏捷、说话流利、口齿清楚、表达正确；"快行"是指行动自如、步伐轻捷。

"三良好"是心理健康标准：良好的个性、良好的处世能力、良好的人际关系。"良好的个性"是指心地善良、乐观处世、为人谦和、正直无私、情绪稳定；"良好的处世能力"是指观察事物客观现实，有良好的自控能力、能较好适应复杂的环境变化；"良好的人际关系"是指助人为乐，与人为善，待人接物宽和，不过分计较小事。

三、心理健康的概念

在1946年第三届国际心理卫生大会上，不仅界定了"健康"的概念，还就心理健康下过这样的定义：所谓心理健康，是指在身体、智能以及情感上与他人的心理健康不相矛盾的范围内，将个人心境发展成最佳的状态。

在理解心理健康这一概念时，需要注意以下几点：

首先，没有心理疾病只是心理健康的基本标准，就像身体没有疾病是身体健康的最基本条件一样，更多的是从"正常-不正常"的角度出发。而心理健康从某种程度上来说，是一个连续变化的概念，因此，将心理健康与否看作是黑白分明的事情这一观点是不正确的。第二，心理健康具有广义和狭义之分：狭义的心理健康指的是预防心理疾病的发生；广义的心理健康是以促进人们的自我心理调节、发挥更大的心理效能为目标。心理健康的人，能够不断提高自身的心理健康水平，更好地适应社会生活，更有效地为社会和人类做出贡献，这是一种积极发展的态度。第三，心理健康受到社会制度、民族风俗、传统习惯、道德观念和宗教信仰等多种因素的影响，从而产生了不同的内涵。事实上，心理健康是一个非常复杂的概念，因此，在不同国家、不同民族之间存在着不同的观点，即便是在同一个国家的不同地区、不同时代也存在着不同的看法。最后，身体健康与心理健康，二者是相辅相成、缺一不可的。身体健康是心理健康的基础，心理健康是身体健康的保障。身体的不健康会对人的心理产生不良影响，从而有可能导致心理的不健康，甚至会出现心理疾病；而心理的不健康，更有可能会导致身体疾病的产生。例如，研究发现，心理过于紧张、压力过大的人，通常更经不住感冒病毒的侵袭，从而更容易患感冒。这是因为，当一个人的心理压力过大时，其免疫力也会相应降低。

四、心理健康的标准

心理学家马斯洛和米特曼提出的心理健康的十条标准被公认为是"最经典的标准"。

（1）具有适度的安全感，有良好的自尊心和自我价值感；

（2）有自知之明，了解自己的动机与目的，并能对自己的能力作适当的估计；

（3）具有适度的情绪表达能力，能控制自己的情绪。

（4）与现实环境保持良好的接触，能容忍生活中的挫折，无过度的幻想；

（5）在不违背社会规范的前提下，能对个人的基本需要做恰当的满足；

（6）有切合实际的生活目的，个人所从事的多为实际的、可能完成的工作；

（7）对个人违背社会规范、道德标准的欲望不作过分的否认或压抑；

（8）能保持人格的完整与和谐，个人价值观能视社会标准的不同而改变；

（9）具有从经验中学习的能力，能适应环境的需要而改变自己；

（10）能保持良好的人际关系，在团体中能与他人建立和谐的关系，重视团体的需要，接受团体的传统，并能控制为团体所不容的个人欲望或动机；在不违背团体意愿的原则下，能保持自己的个性；有个人独立的意见，有判断是非善恶的能力。

除上述标准外，许多中外学者都从不同角度，提出了各自的观点。

人格心理学家阿尔波特提出了 6 条心理健康标准：①自我广延的能力，广泛参加各类活动，有自己的爱好，在自己感兴趣的领域施展拳脚；②与他人热情交往的能力；③在情绪上有安全感，有积极的自我认同；④表现具有现实型知觉，根据客观事实看待事物；⑤具有自我个体化的表现，清楚了解自己的优缺点，认识到理想自我和现实自我的差别；⑥有一致的人生哲学，有生活目标和动力。

Havingurst（1952）综合许多心理学家的意见，认为个体具有以下 9 个有价值的心理特质即为心理健康：①幸福感，这是最有价值的特质；②和谐，包括内在和谐及与环境的和谐；③自尊感；④个人的成长，即潜能的发挥；⑤个人的成熟；⑥人格的统一和完整；⑦与环境保持良好接触；⑧在环境中保持有效适应；⑨在环境中保持相对独立。

李百珍提出 7 条心理健康标准：①了解自我、接纳自我，能体验自我存在的价值；②正视现实、接纳他人；③能协调、控制情绪，心境良好；④有积极向上的、现实的人生目标；⑤对社会有责任心；⑥心地善良，对他人有爱心；⑦有独立、自主的意识。

黄珉珉认为，心理健康的标准有 8 条：①能进行正常的学习、生活和工作；②能与他人和睦相处，保持良好的人际关系；②具有健全的人格；③具有良好的情绪体验；⑤具有正常的行为；⑥有正常的心理意向；⑦有良好的适应能力及对紧急事件的适应能力；⑧有一定的安全感，有信心和自立性。

郑日昌提出 6 条心理健康标准：①正视现实；②了解自己；③善与人处；④情绪乐观；⑤自尊自制；⑥乐于工作。

第二节　大学生心理健康

从阿尔波特提出的 6 项标准中可以看出，一个心理健康的人必须具备两个基本条件：一是能与外界环境协调一致；二是保持认知、情感、意识、行为等心理活动的协调统一，并具有相对稳定性。具体来看，大学生心理健康的标准，大致包括以下几个方面。

一、大学生心理健康的标准

（一）智力正常

智力正常是大学生学习、生活与工作的基本心理条件，也是适应周围环境变化所必需的心理保证，在具体衡量时，关键在于是否正常、充分地发挥了效能，即是否有强烈的求知欲、乐于学习、能够积极参与学习活动等。

（二）情绪健康

情绪健康的标志是情绪稳定和心情愉快。包括愉快情绪大体上多于负面情绪，乐观开朗，富有朝气，对生活充满希望；情绪较稳定，善于控制与调节自己的情绪，既能克制又能合理宣泄；情绪反应与环境相适应。

（三）意志健全

意志是人们在完成一种有目的的活动时，所进行的选择、决定与执行的心理过程。意志健全者在行动的自觉性、果断性、顽强性和自制力等方面都表现出较高的水平。意志健全的大学生在各种活动中都有自觉的目的性，能适时做出决定并运用切实有准备的方式解决所遇到的问题，在困难和挫折面前，能采取合理的反应方式，能在行动中控制情绪和言行，而不是盲目行动、畏惧困难和顽固执拗。

（四）人格完整

人格指的是个体比较稳定的心理特征的总和。人格完整是指有健全统一的人格，即个人的所想、所说、所做都是协调一致的。人格结构的各要素完整统一；具有正确的自我意识，无自我同一性混乱，以积极进取的人生观作为人格的核心，并以此为中心把自己的需要、目标和行动统一起来。

（五）自评正确

正确的自我评价是大学生心理健康的重要条件，大学生在自我观察、自我认定、自我判断和自我评价等方面，做到自知，恰如其分地认识自己，摆正自己的位置，既不以自己在某些方面高于别人而自傲，也不以某些方面低于别人而自惭，能够自我悦纳，喜欢自己，接受自己，自尊、自强、自制、自爱，正视现实，积极进取。

（六）人际和谐

良好而深厚的人际关系是事业成功与生活幸福的前提。其表现为：乐于与人交往，既有广泛的人际关系，又有知心朋友；在交往中保持独立而完整的人格，有自知之明，不卑不亢；能客观评价别人和自己，善取人之长补己之短，宽以待人，乐于助人，积极的交往态度多于消极态度，交往动机端正。

（七）适应正常

个体与客观现实环境保持良好秩序。客观观察以取得正确认识，以有效的办法应对环境中的各种困难，不退缩，还要根据环境的特点和自我意识的情况努力进行协调，或改革环境适应个体需要，或改造自我适应环境。

（八）角色相符

大学生是处于特定年龄阶段的特殊群体，心理行为应符合大学生的年龄特征，应具有与其年龄与角色相应的心理行为特征。如大学生心理行为应具有较强的理想色彩，而不应过于世故或俗气。

除上述标准外，还有樊富珉提出的大学生心理健康的 7 个标准：①能保持对学习较浓厚的兴趣和求知欲望；②能保持正确的自我意识，接纳自我；③能协调与控制情绪，保持良好的心境；④能保持和谐的人际关系，乐于交往；⑤能保持完整统一的人格品质；⑥有良好的环境适应能力；⑦心理行为符合年龄特征。

二、正确理解大学生心理健康的标准

在理解大学生心理健康的标准时，应重视以下几个方面：

（一）相对性

事实上，大学生心理健康与不健康之间无明显界限，而是一个连续过程，如将正常比作白色，将不正常比作黑色，那么在白色与黑色之间存在着一个巨大的缓冲区域——灰色区，大多数人都散落在这一区域内。这说明，对多数大学生而言，在人生的发展过程中面临心理问题是正常的，不必大惊小怪，应积极应对。与此同时，个体灰色区域也是存在的，大学生应提高自我保健意识，及时进行自我调整。心理健康水平是一个动态发展过程，当一个人产生了某种心理障碍并不意味着永远维持或加重。心理冲突的形成是非常正常的，有时甚至可能随着时间进程自行缓解。

（二）协调性

把握心理健康的标准，应以心理活动为主体考察其内外关系的整体协调性。从心理过程看，健康的人的心理活动是一个完整统一的协调体，这种整体协调保证了个体在反映客观世界的过程中的高度准确性和有效性。事实表明，认知是健康心理结构的起点，意志行为是人格面貌的归宿，情感是认知与意志之间的中介因素。从心理结构的几个方面看，一旦它们不能进行协调运作时，就可能产生一系列心理困扰或问题。从个性角度看，每个人都有自己长期形成的稳定的个性心理，一个人的个性在没有明显的剧烈的外部因素影响下是不会轻易发生变化的。

（三）方向性

事实上，不健康的心理可能是不可避免的发展性问题，随着个体的心理成长逐渐调整并趋于健康。心理健康的标准是一种理想尺度，它一方面为人们提供了衡量心理是否健康的标准，同时也为人们指出了提高心理健康水平的努力方向。如果每个人在自己现有基础上能够做出不同程度的努力，都可追求自身心理发展的更高层次，从而不断发挥自身的潜能。所以，大学生心理健康的基本标准，是一种高水平的方向引领，并不是要求大学生必须达到的终极目标，而是希望他们不断调适，无限接近此标准，在这个过程中，大学生的心理素质也会获得持续发展。

第三节　大学生心理健康教育

大学生群体，一个看似轻松，事实上却承担巨大压力的群体，这些压力来自学业、生活、情感、就业等多个方面。一个个残酷的事实，在不断警示我们，要关注大学生心理健康。

一些大学生因心理问题休学、退学，自杀、凶杀等一些反常或恶性事件不时见诸报端，2002 年初发生的刘海洋硫酸伤熊事件，令社会对大学生心理健康的关注达到高潮。人们不禁要问——现在的大学生怎么了？ 黑龙江大学负责心理健康教育的崔建华教授说，目前的中国大学生看起来有喜有忧。喜的是，他们已有了很强的独立性和自我经营、学习、发展的能力。忧的是，他们的心理状况与整个社会大背景下国人的心理健康状况密切相关，社会上各种各样的风气不断影响着原本清纯的大学校园，校园已不是一片净土，大学生的心理问题已经十分集中和突出。据了解，目前我国许多高校在每年新生入学时都要进行心理问卷调查。黑龙江省一所高校统计，该校目前每周前往心理健康中心咨询的学生有二三十人。在学校每年大量的心理咨询中，来自高年级的学生大概占一半左右。

据哈尔滨工业大学心理咨询中心裴秋宇老师分析，大学生心理问题综合起来大体可以分成两大类：一类是一般性的成长问题，另一类则是出现了程度不等的心理障碍。成长问题主要包括：环境改变与心理适应的问题，学习心理调适不当而出现的心理问题，情绪控制、自我认知、人格发展、意志品质相对较弱而造成的人际交往、恋爱等方面出现心理与行为的偏差。人际关系问题是大学生心理健康问题中最常见的问题之一，现在的大学生多数是独生子女，生活上的娇生惯养和学习上的一帆风顺，使他们很少经受挫折，独立生活能力较差，大学生活与梦想上的落差，以及与同学生活上的差异，很容易产生心理上的不稳定。其次，开放的校园使恋爱成为大学生活的重要话题，一些学生难以把控自己，一旦出现问题可能走向极端。第三，在学习上，由于从紧张的高考中脱颖而出，许多大学生到了大学就想放松一把，而昔日的高才生走到一起，一些学生没有了优势，学习压力增大。第四，十分严峻的就业形势给在校大学生带来新的压力。近年来大学生一次性就业率呈逐年下降趋势，且就业难度可能会进一步加大。

一、大学生心理健康教育的发展

大学生心理健康问题已经成为政府、社会和学校关注的焦点。一种旨在提升大学生心理素质，预防和应对大学生心理健康问题的专业教育，即大学生心理健康教育，应运而生，并且在政府的大力倡导下，在高校快速发展起来。2001

年教育部颁布了《教育部关于加强普通高等学校大学生心理健康教育工作的意见》（教社政〔2001〕1 号），2002 年又制定了《普通高等学校大学生心理健康教育工作实施纲要（试行）》（教社政厅〔2002〕3 号）。在教育部的积极关注下，我国高校学生心理健康教育工作已经步入全面发展时期，几乎所有高校都以不同形式开设了心理健康教育课程，已有三分之一的高校成立了大学生心理健康教育机构，有些高校的心理咨询中心已具备相当的规模和水平。他们开展了许多诸如心理沙龙、交流等活动来宣传大学生心理健康的必要性，一批专业化的心理健康教育与心理咨询队伍正在逐渐成长。

同时，大学生自身也已经意识到了心理健康的重要性，积极组织和参与各种形式的心理健康教育活动，"5·25"大学生心理健康日就是在这一背景下诞生的。2000 年，由北师大心理系团总支、学生会倡议，十多所高校响应，并经有关部门批准，确定每年的 5 月 25 日为全国大学生心理健康日，目的是呼吁大学生关注自己的心理健康，并以此掀起社会关注心理健康热潮。

许多高校学生还自发建立了学生心理社团，一些学生还自编自演心理剧来宣传心理健康的新潮流。黑龙江高校学生心理咨询研究会副理事长兼秘书长任晓萍认为："大学生心理健康教育是个社会系统工程，学校、家庭和社会都要密切配合起来，共同努力，使心理健康教育与心理咨询工作能够在大学生的成长与成才中发挥出更大的作用。学校要营造和优化健康向上、积极进取的校园文化环境，以促进形成良好的校风、学风和团结友爱的人际氛围，形成一个群体心理健康的大环境。其次，心理健康教育的开展也要将国外的科学理论与我国的国情结合起来，创建有中国特色的大学生心理健康教育模式，并与德育、传统文化教育和成才教育充分结合起来。更重要的是，我们全社会都要正视大学生心理健康问题，学生家长和我们的基础教育应该从小就加强中小学生的心理健康教育，增强其自我教育、自我管理、自我服务、自我约束的能力。"

二、大学生心理健康教育的核心问题

大学生心理健康教育的目标是预防或消除大学生可能出现或已经出现的

心理问题。所以，大学生最易出现或经常出现的心理问题就成了我们关注的核心问题，这些问题主要集中在以下几个方面。

(一) 适应问题

大学生进入大学校园后，面对陌生的环境，常常感到紧张、焦虑和无所适从。对社会环境的适应也可能出现不同程度的问题。

1. 面对新的校园和人群

学校环境对大学生尤其是新生有重要影响。对于绝大部分新生来说，他们面对的是陌生的校园和同学。多数学生第一次离开父母、朋友和熟悉的环境，开始独立生活，面对众多的问题要自己拿主意，自己动手解决。所有这些都会给大学生带来不同程度的环境应激。当这种应激超过限度时，就可能会造成心理问题，出现失眠、食欲不振、注意力不集中等，重者出现烦躁、严重焦虑不安、头痛、神经衰弱等表现。

2. 学习条件和方法的变化

学习条件和方法的变化主要表现在两个方面。第一，许多大学生在入学前是当地的尖子，老师、家长对其宠爱备至，自我感觉良好，信心十足。但在新群体中，他们可能不再是校园"明星"，学习上也可能不再是优等生了，假如不能恰当地接受和对待，就可能会造成心理问题。表现为自信心降低，强烈的自卑感，甚至会出现强烈的嫉妒心理和攻击行为，从而使其更难顺应现实。第二，学习方法不当会造成成绩下降，比如对新的大学课程仍沿用已不适用的中学学习方法，结果造成学习成绩不理想但又忽视了对学习方法的探讨，使得在学习问题上被动应付，心理上承受较大压力，出现焦虑、紧张等情绪反应，反过来又会严重影响其自信心，产生自我否认等心理问题。

3. 生活习惯的变化

南方与北方学生的空间换位就学等因素，会带来饮食方面的显著差异和生活习惯的不适应，这也会造成部分学生的环境应激。如果他们不能在短期内顺利适应，心理应激便会影响到正常的学习和生活。另外，随着学生家庭经济情况的改善，女同学攀比衣着打扮，男同学抽烟饮酒，追求享乐，过生日及郊游消费逐渐上涨已成为值得重视的问题。部分经济能力有限而又爱面子、讲虚荣的学生可能会因此产生心理问题，比如严重的自卑、忧虑、紧张等精神压力，甚至会引发违法行为。

4. 社会适应不良

随着大学生自我意识的发展，成人感的增强，他们对社会环境常常很敏感，同时会表现出明显的社会适应不良现象。具体表现在两个方面：一是崇尚时髦，喜欢追赶潮流，常常是社会上流行什么，他们就效仿什么；二是由于抽象思维的发展，其思维的独立性与批判性增强，使得他们倾向于批判传统社会观念。

（二）学业问题

学习压力大，动力不足，学习目的不明确，成绩不理想，学习困难等学业问题始终困扰着大学生，并由此产生一系列心理健康问题。

1. 学习动力不足

在大学生生活事件量表中，列在第一位的是学习压力大。某高校调查结果表明：有69.6%的新生和54%的老生感到"学习难度加大，非常困难"；在随后座谈中问到学生为什么学习时，学生淡淡地说："为学习而学习"。一位大二学生也写道："学习始终不能进入状态，总感到是在巨大的考试压力下被动地学，而静下来想为什么学时，会感到很苦恼。"特别是一年级新生，认为"学习负担重，难以应付"的占70.4%。

2. 学习目的不明确

很多同学为了应付不得不参加的考试，不能不做的事而学习。有的学生甚至直截了当地回答：为了能够考试过关，至于为什么学心中没有底。一位学生这样写道："在中学时代，各方面表现都很出色，进入大学后，沿着中学的惯性学习，尽管成绩还算理想，学习虽然努力却常常感到心力交瘁，学而无所获。"更多的学生是"懒得精益求精，但求蒙混过关"。面对人才市场的巨大压力，很多学生也感到内心的危机感，但真正要努力学习，却提不起精神来。

3. 学习成绩不理想

学习困难的学生虽然在大学生群体中占的比例并不大，但其负性情绪，对成长是不利的，有的学生上课无法集中注意力，有的学生不适应大学生活，"小学、中学都是尖子学生，到大学后一下子变为普通学生，个人约束力又差，自制力弱，大学期间较为放任，因而学习差了"；"虽然学习上很尽力，上大学就是为了求学，而学习成绩总是不理想，因而感到很自卑，也十分压抑。"调查中有42%的学生经历过考试失败，随机抽查了一个30人的大四工科班级成绩，在7个学期中，有63科次不及格，人均2.1科次，不能不引起重视。

4. 学习动机功利化

市场经济的利益杠杆直接影响着大学校园，对于学习，学生表现出空前的功利意识。对还没有学的课，学生问的第一个问题是"我学这门课有什么用？"因而出现了专业课、基础课门前冷落车马稀，而技能类课程如计算机、外语、股票，各种各样的证书班摩肩接踵、门庭若市的明显对比。"考证热"正是学习功利化的直接表现。学生充分了解到市场对各种证书的青睐，因而放弃了专业课的学习去追逐各种有用的证书。学生学习功利化与教师要求和学校管理经常发生冲突，容易引发焦虑、烦恼等心理问题。

（三）自我认同问题

1. 理想自我与现实自我的差距

大学生作为同辈人中的佼佼者，步入大学殿堂后在脑海里就设计出自我的完美未来。然而现实社会中的种种客观障碍会阻碍"理想自我"的实现，这一矛盾会严重影响他们的心理状态。结果是大部分学生试图努力重建被现实排斥的自我，重新树立起自己的人生目标，但也有部分大学生企图逃避与现实的矛盾冲突，甚至反过来攻击现实。部分学生消极颓废、苦闷、不求上进、沉溺于玩乐放纵，甚至有自杀观念等心理健康问题。

2. 自我发展过程中的心理问题

在大学阶段的青年人已意识到了"自我"，并注意到了自我的脆弱，因此产生出强烈地充实自我、发展自我和强化自我的需求。但是，这是一项复杂而难以驾驭的系统工程。其中有个别同学，在追求发展自我的过程中，顾此失彼，没能达到期望的目标，并因此产生了不良心理反应。另外，还有一类同学，他们在发展自我的过程中放大了自我的"劣势"，忽略了自我的优势，由于害怕暴露自己的弱点而采取了某种防御性和压抑性的心态，表现为少与同学、老师交流，常多独处，部分人还表现为敏感多疑、不信任他人，常伴有严重烦恼和恐惧不安等情绪。

（四）人际问题

在大学阶段，个体独立步入了准社会群体的交际圈，大学生开始尝试人际交往，并试图发展这方面的能力及对此做出评估，为将来进入成人社会做准备。大学生的人际关系涉及师生、同学、亲友等不同层次，但以同学间的关系最重要。

大多数学生由于学习目标和志趣相同，都能融洽相处。部分学生会因遭受过某种挫折，或表现为自我否定而陷入苦闷与焦虑，或企图对抗而陷入困境，并由此产生了心理问题。也有部分学生表现为常担心自己是否被别人喜欢，是否被朋友接纳。有时候对同学或朋友的言语很敏感，有的学生因嫉妒别人或哗众取宠，造成人际关系不良。还有的人由于性格问题，导致交友失败，使自己陷入孤独之中，表现为常因小事与同学发生矛盾和摩擦，进而互相猜忌、疏远，个别的会发生打架、斗殴现象等。

（五）人格问题

在大学阶段个体的人格特征在遗传和后天因素影响下已基本形成。但是，部分大学生人格特质中存在着不良方面，这些不良方面严重影响着他们的学习、人际关系、社会性活动以及进一步的发展和自我完善等，由此产生了心理问题。当个体意识到这些不良方面及其后果，又无力改变的情形下表现出消极的防御反应及自我否认，结果给个体的顺利发展造成了严重影响。

（六）恋爱和性问题

1. 性意识问题

青年人的性生理已发育成熟，但性心理和性意识还远未成熟，存在一些模糊的甚至是错误的认识，如性罪恶论、性开放论、性占有论等，这可能导致对性的过度关注，产生性幻想、性压抑、无法与异性正常交往等。一般情况下，性意识问题不会有严重后果，但当其达到严重程度，且持续时间较长时，即会产生心理和行为问题，从而影响生活、学习和健康等诸多方面。

2. 性行为问题

伴随性意识的是性行为，在未婚大学生中，这种性行为多停留在自慰性行为水平，如手淫、触摸等。部分学生因获知不正确的性知识，或对性有不正当的认识和理解，因而造成诸多心理压力，严重的心理压力就可形成心理问题，如因偶尔手淫产生焦虑、烦恼、自责等负性情绪。在大学生中，部分人会因早年的性经历产生严重的心理阴影，并由此影响了心理的安宁，影响了与他人特别是异性的交往，少部分人甚至会产生恐惧未来的婚姻生活的心理。在某些特定因素的影响下，可能会出现性别烦躁、性欲倒错等心理障碍。

3. 性伤害问题

部分大学生，可能会意外遭受各类性伤害。其中，部分较严重的性伤害会给当事者后来的学习、生活、社交、自我发展，甚至个性造成严重影响，由此所造成的心理问题是大学生心理保健中不容忽视的重要内容之一。

4. 体像问题

体像是指个体对自己身体形象的认知评价，比如认为自己的身材过于肥胖，不能接受自己的体像时，就会产生强烈的自我否定，甚至会引发攻击、逃避或病理性行为。

5. 失恋

目前大学生恋爱现象已相当普遍，与之相伴的失恋问题也越来越多，部分大学生把失恋看成是极端严重的生活事件，这会使他们的情绪、自我评估、人际交往、学习、生活规律等受到不同程度的损伤，由此造成诸多心理问题。

（七）就业问题

高中毕业生总希望能考上一个理想的大学并选择一个自己热爱的专业。但总有一些学生，由于各种原因在高考填志愿时，选择了自己并不满意的专业，入学后发现自己对所选专业缺乏兴趣，使他们感到学习压力较大，对学习毫无兴趣，上课无精打采，读书纯粹为应付考试。

对于这类专业选择不合意的学生应进行具体分析。对其中一部分适合学文科而不适合学理科的学生宜调换专业。因为每个人的才智发展有一定的趋向性，适合学文科的很难成为数学专家，反之亦然。满足这些学生的愿望有利于其才智的充分发展，对国家和个人都有利。但在现实生活中，国家的计划不一定与每人的愿望一致。也就是说，有时专业无法调动。对于多数年轻人而言，心理的可塑性很大，兴趣是可以培养的。校方及家长给予这些大学生充分的启发、指导和帮助，能使他们对当初不大喜欢的专业产生兴趣。

毕业找工作是面临毕业的大学生最为关心和忧虑的问题。有许多大学生把职业方向的选择与个人成长相联系，更多地从自我发展和完善方面考虑。他们希望找到一份满意的工作，以便学以致用，充分发挥自己的特长，同时，他们又对工作报酬的高低，岗位和地区是否理想，自己家庭和恋人关系是否得到照顾等感到忧虑。因此，在临近毕业之际，他们往往具有情绪不安，思想不稳的特点，加上他们毕竟尚未完全具备成年人饱经风霜形成的稳定思想状态，所以在这一阶段往往会发生大的思想波动，甚至会出现意料不到的问题。

（八）网络成瘾

随着网络的飞速发展，大学生沉迷于网络的现象越来越普遍。由难以自我控制地过度使用互联网而导致的社会功能和身心健康受损的现象，称为网络成瘾。网络成瘾给大学生带来的危害不仅仅是学习成绩的下滑、身心健康的损害、道德人格的缺失，更有甚者会因此引发犯罪。作为高等教育管理工作者，我们应当对此引起高度的重视。加强网络思想政治工作，加强对上网学生的心理健康教育，是当前对大学生教育和管理的重要课题。

三、大学生心理健康教育的实施纲要

2002 年教育部为贯彻落实《中共中央国务院关于深化教育改革,全面推进素质教育的决定》精神,进一步加强对全国普通高等学校大学生心理健康教育工作的领导和指导,根据《教育部关于加强普通高等学校大学生心理健康教育工作的意见》(教社政〔2001〕1 号),特制定《普通高等学校大学生心理健康教育工作实施纲要(试行)》(教社政厅〔2002〕3 号)。该《实施纲要》对我国大学生心理健康教育工作的指导思想和主要任务、主要内容、途径和方法以及领导、管理、师资队伍建设等方面做了权威性的概要说明。

(一)大学生心理健康教育工作的指导思想和主要任务

全面贯彻党的教育方针,以全面推进素质教育为目标,以提高大学生的心理素质为重点,促进学生全面发展和健康成长。

全面推进高等学校大学生心理健康教育工作,必须坚持重在建设、立足教育的方针。要根据素质教育的基本要求,加强大学生心理健康教育的理论建设、制度建设、师资队伍建设和教育教学研究;要坚持面向全体学生,坚持正面教育。根据学生身心发展的特点和教育规律,提高大学生适应社会生活的能力,培养大学生良好的个性心理品质,促进大学生心理素质与思想道德素质、文化素质、专业素质和身体素质的协调发展,增强高等学校德育工作的时代感以及针对性、实施性和主动性。

全面推进高等学校大学生心理健康教育工作,必须坚持以辩证唯物主义和历史唯物主义为指导,坚持科学性原则,防止唯心主义、封建迷信和伪科学的干扰,确保大学生心理健康教育工作的正确方向。

大学生心理健康教育工作的主要任务是:根据大学生的心理特点,有针对性地讲授心理健康知识,开展辅导或咨询活动,帮助大学生树立心理意识,优化心理品质,增强心理调适能力和社会生活的适应能力,预防和缓解心理问题。帮助他们处理好环境适应、自我管理、学习成才、人际交往、交友恋爱、求职择业、人格发展和情绪调节等方面的困惑,提高健康水平,促进德、智、体、美等全面发展。

（二）大学生心理健康教育工作的主要内容

宣传普及心理科学基础知识，使学生认识自身的心理活动与个性特点；宣传普及心理健康知识，使大学生认识到心理健康的重要作用，特别是心理健康对成才的重要意义，树立心理健康意识。

培训心理调适的技能，提供维护心理健康和提高心理素质的方法，使大学生学会自我心理调适，有效消除心理困惑，及时调节负性情绪；使大学生养成良好的学习习惯，掌握科学、有效的学习方法，提高学习能力，自觉地开发智力潜能，培养创新精神和实践能力；使大学生树立积极的交往态度，掌握人际沟通的方法，学会协调人际关系，增强适应社会生活的能力；使大学生自觉培养坚忍不拔的意志品质和艰苦奋斗的精神，提高承受和应付和应对挫折的能力。

认识与识别心理异常现象，使大学生了解常见心理问题的表现、类型及其成因，初步掌握心理保健常识，以科学的态度对待各种心理问题。

根据大学生活不同阶段以及各层次、各学科门类学生、特殊群体学生的心理特点，有针对性地实施心理健康教育。

新生心理健康教育重点放在适应新环境等内容上，帮助他们尽快完成从中学到大学的转变与适应；二、三年级学生心理健康教育要以帮助他们了解心理学科基础知识、初步掌握心理调适技能以及处理好学习成才、人际交往、交友恋爱、人格发展等方面的困惑为重点；对于毕业生，要配合就业指导工作，帮助他们正确认识职业特点，客观分析自我职业倾向，做好就业心理准备。在日常的学习、生活中，要针对大学生普遍存在的、较为集中的心理问题安排专题教育。要重视经济困难学生等特殊群体学生的心理健康教育工作。

（三）大学生心理健康教育工作的途径和方法

大学生心理健康教育工作是一项系统工程。要以课堂教学、课外教育指导为主要渠道和基本环节，形成课内与课外、教育与指导、咨询与自助紧密结合的心理健康教育的网络和体系。

要按照中宣部、教育部《关于印发<关于普通高等学校"两课"课程设置

的规定及其实施工作的意见>的通知》以及《中国普通高等学校德育大纲（试行)》《思想道德修养教学大纲》的要求，在思想道德修养课中，科学安排有关心理健康教育的内容。各高等学校应创造条件，为大学生开设心理健康教育的课程或专题讲座、报告等。

高等学校的教职员工，特别是教师要树立心理健康教育意识，科学实施教育教学工作。班主任、政治辅导员不仅要在日常思想政治教育中发挥作用，也要在增进大学生心理健康，提高大学生心理素质中发挥积极作用。

要重视开展大学生心理辅导或咨询工作。各高等学校要积极创造条件建立心理健康教育工作体系，开展经常性的心理辅导或咨询工作。心理辅导或咨询工作以发展性辅导或咨询为主，面向全校学生，通过个别面询、团体辅导活动、心理行为训练、书信咨询、电话咨询、网络咨询等多种形式，有针对性地向大学生提供经常、及时、有效的心理健康指导与服务。辅导或咨询机构要科学地把握高等学校大学生心理健康教育工作的任务和内容，严格区分心理辅导或咨询中心与专业精神卫生机构所承担工作的性质、任务。在心理辅导或咨询中发现严重心理障碍和心理疾病的学生，要将他们及时转介到专业卫生机构治疗。

要积极创造条件，运用具有较高信度与效度、适合我国国情的心理评估工具，为实现大学生心理问题的早期发现、及时干预和跟踪服务提供参考，提高大学生心理健康教育工作的科学性和针对性。

要充分利用高等学校广播、电视、计算机网络、校刊、校报、橱窗、板报等宣传媒体，多渠道、多形式地正面宣传、普及心理健康知识。要加强校园文化建设，营造积极、健康、高雅的氛围，陶冶大学生高尚的情操，增强学生相互关怀与支持的意识。

要大力开展有益于提高大学生心理健康的第二课堂活动。高等学校要积极支持大学生成立心理健康教育方面的社团，通过举办生动活泼、丰富多彩的活动，强化学生的自觉参与意识，提高广大学生学习心理健康知识的兴趣，加深对心理知识的理解，解决一些在学习、生活中产生的心理困扰，达到自助与助人的目的。开展第二课堂活动，要配备专门的指导教师，以正面教育引导为主。

（四）高等学校大学生心理健康教育工作的领导、管理以及师资队伍建设

（1）教育部有关职能司局对全国普通高等学校大学生心理健康教育工作实施统一领导，统筹规划。

组织国内心理科学专家、学者，以及大学生心理健康教育实际工作者对大学生心理健康教育工作进行研究、咨询、评价和指导；组织编写师资培训使用的正式教材和大学生心理健康教育科普读物；组织开展全国普通高等学校大学生心理健康教育师资培训工作。

大学生心理健康教育工作是高等学校德育工作的重要组成部分。各地教育工作部门和高等学校，要切实加强对大学生心理健康教育工作的领导，把心理健康教育工作纳入学校德育工作管理体系中，实行主管校领导负责制，将其列入重要议事日程，积极支持开展大学生心理健康教育工作，帮助解决工作中的困难和问题。高等学校要成立大学生心理健康教育工作领导小组，由主管学生德育工作的党委副书记或副校长任组长，并明确职能部门具体负责协调和组织全校心理健康教育的教学、科研以及辅导或咨询工作。高等学校应进一步完善或健全心理健康教育的工作体制和体系，充分利作有关资源和条件并积极创造条件开展工作，保证经费投入，为开展工作提供必要条件。

（2）要通过专、兼、聘等多种形式，建设一支以专职教师为骨干，专兼结合、专业互补、相对稳定、素质较高的高等学校大学生心理健康教育工作队伍。

专职从事大学生心理健康教育工作的教师要少量、精干，数量可根据实际需要自行确定，编制可从学校总编制或专职学生思想政治工作编制中统筹解决，原则上应纳入学生思想政治工作队伍管理序列。评聘相应的教师职务。设有教育学、心理学教育机构的高等学校，也可纳入相应专业队伍管理序列。兼职教师和心理辅导或咨询人员，按学校有关规定计算工作量或给予报酬。

（3）大学生心理健康教育是一项专业性强、要求高的工作，从事这项工作的教师必须经过系统培训，恪守职业道德，不断提高专业水平。

建立全国高校大学生心理健康教育教师培训中心，校师资培训计划。培训内容包括职业道德、理论知识学习、操作技能训练、案例分析和实习督导等。要通过培训，不断提高他们从容不迫从事大学生心理健康教育工作的职业道德以及所必备的基本理论、专业知识和技能水平。培训工作应规范化,坚持长期分类进行。对于通过培训达到上岗要求者,由教育部主管司局认定的有关承训机构颁发资格证书,逐步做到持证上岗,此外,还要重视对班主任、政治辅导员以及其他从事学生思想政治工作的干部、教师进行有关心理健康方面的业务培训。

(4)组织开展普通高等学校大学生心理健康教育的督导工作

为了使大学生心理健康教育工作健康发展、落到实处,教育部将组织研究制定大学生心理健康教育工作的评价与督导指标体系,组织或委托国内心理科学的专家、学者,以及大学生心理健康教育实际工作者对各地、各高等学校开展大学生心理健康教育工作的情况进行督导。督导内容包括学校重视和支持程度,机构设置,师资队伍建设,教学、科研和开展辅导或咨询的情况以及工作的实效等。

(5)教育部将进一步研究制定加强普通高等学校大学生心理健康教育工作的有关政策,组织开展大学生心理健康教育工作的课题研究和工作、学术交流。各地教育工作部门和各高等学校要结合本地、本校的实际情况,制定明确的政策并予以必要的保证,切实做到领导责任落实、机构设置落实、队伍建设落实、制度建设落实、工作场地落实、经费投入落实,努力把大学生心理健康教育工作提高到一个新水平。

【思考与练习】

1. 心理健康的概念和标准。
2. 心理健康的意义。
3. 大学生心理健康教育的必要性。
4. 根据心理健康标准制订自我完善计划。

第二章

心 理 适 应

第一节 适应的意义

适应是个体通过身心调整，在现实环境中维持一种良好有效的生存状态的过程，也是自我与环境和谐统一的一种良好的生存状态。人类在社会环境中生活，要与环境相适应，保持一种平衡的状态。这样，人才能满足自己的生存需要、安全需要、归属需要，从而实现自我发展。

从总体上来说，个体与环境的适应通过两种途径实现。一是个体自身做出改变；另一种是环境改变。通常情况下，人们选择环境、改变环境，但改变环境是有一定限度的。大多数时候，要求个体自身做出调节，适应既定的环境，因为要环境改变是很难的。个人要在大学期间获得发展，最有效的办法就是调整自己，适应现实的环境。由于我们生活的环境在不断地变化，因此，适应是一个不断变化的过程。人在社会中生存与发展，就需要有良好的适应能力。美国心理学家珍妮特认为："人的一生是一系列的适应阶段，而每一个阶段都会对个人的长期生活产生影响。"

实质上，现代社会的飞速发展，给每个人的生活适应都提出了很高的要求，学会适应是每个人健康生活、获取发展的前提和基础。对于正处于学习、成长过程中的大学生来说，能否良好适应是关系到大学生活是否顺利及未来在社会中能否继续发展的重要因素。心理学家艾夫考认为，适应是个体与环境的互动关系。个体在与环境相互作用的过程中，通过不断调整自我身心状态，使身心与现实环境保持和谐一致，从而达到认识环境、改造环境、发展自我的目的。

1. 适应使个体在与环境的相互作用中构建良好心理机制

从个体与环境的相互作用看，适应可以首先被视作个体在与环境相互作用中构建良好心理机制的过程。

从物质层面来看，个体最基本的需要是生存，即必须凭借社会环境获得丰富的生活资料，通过对环境的作用取得自己所需的生活资料。从宏观角度看，环境是人类生存的舞台，人类以日益发展的科学技术手段征服自然、改造社会。从微观角度看，环境对于具体的个人，有着巨大的力量。个体能够直接控制和支配的只是自身的行为，而不是环境。每个人都必然会遭遇许多自身无法选择和改变的生活环境，这时，个体便要通过调整自己的心理机制来积极地顺应环境。

2. 适应使个体与环境实现相对平衡

适应还可以被看作是个体与环境之间的一种和谐的相对平衡状态。这种平衡是一个动态过程，因为社会在发展，环境在不断变化，个体的心理也在变化之中，或是环境的变化要求个体的心理随之进行相应的改变，或是个体的心理改变需要做出新的调整以适应相对稳定的环境。

我们正经历着一个变化的时期，从社会经济结构的变化到社会成员价值追求的变化，再到思维方式和行为方式的变化等，每个人都深切地体会到，社会适应的相对平衡期越来越短，动态的调整期越来越长，社会对人们适应能力的要求也越来越高。对于大学生来说，必须不断学习新的社会经验，不断完善个性，提高能力，才能建立起新的适应模式，提高生活质量。适应过程，不只是被动地顺从，还需要个体主动调适环境，保持与环境的和谐平衡。

第二节　大学生的适应阶段

贾晓波提出适应的心理过程一般包括认知调节、态度转变和行为选择，其中认知调节又分为外部评估和内部评估两个过程。

一、认知调节

认知调节是适应过程的初始阶段，包括外部评估和内部评估两部分。外部评估是指个体对变化的外部环境及其对自身发展的影响进行全面了解并做出新的判断的过程，主要任务是确定外部环境发生了哪些新变化，提出了哪些新要求，这些变化和要求对自身发展有什么影响。在此基础上，对发展中遇到的困难做出准确的判断，对新的角色期待形成正确的理解与把握。如果这个阶段中的认识、判断出现偏差，就可能产生不适应的表现。

比如小刚在进入大学 2 个月后的期中考试中发现自己的高数和英语成绩都在 70 分以下，大大低于自己的预期。对此小刚会做出外部评估：这是进入大学后的第一次考试，大学里老师的讲授方式与高中相比有了很大的变化；学习的进度比高中快，难度比高中大；其他同学的自习时间好像比自己长；自己担任了某社团的主要负责人；大多数同学都说这次考得不理想；班级中15%左右的同学出现不及格等。内部评估是指主体在对外部变化做出正确判断的基础上，对自身内部状态的进一步了解与判断。实际上这是一种在自我监控系统的参与下，自我评价和自我意向重新调整的过程。具体包括对因外部变化引起的内部不平衡状态的估计，对不适应现象的归因分析，对已有经验的检索与比较，对原有行为方式应对效果的审视与判断等。通常自我评价的结果会影响自我体验，如自信心的增强或削弱。同时，自我体验的改变也会影响对行为目标的重新选择，包括对目标价值及成功概率的重新评估以及在此基础上所形成的新的自我期待等。小刚对成绩较低做出的内部估计，如：自己没有适应大学的考核方式；学习方式需要进一步提高，应该更有效率、更符合大学学习的特点；学习时间投入还不够；社团工作对学习有冲击；本次考试可能偏难；大多数同学都没有很好适应大学学习，自己还算可以。

二、态度转变

认知的变化会引起情绪体验的变化，同时也会导致行为意向发生相应改变。当认知、情感和行为意向都发生了变化时，就会引起态度的改变。态度的转变实际上是对动力系统和反应倾向的调节,这是适应新环境的变化,保持和恢复心理平衡的一种背景条件。

小刚在对自己的成绩进行全面分析后得出结论:分数不高既有自己对大学的学习、考核方式不适应的原因,也有自己对学习的重视程度不够、时间和精力投入不足的原因。自己有能力改变分数不高的现实,只要多一些努力、多一些方法上的改进,成绩就会上来的。

三、行为选择

行为选择实际上是一个比较与决策的过程,其核心是对原有行为方式的调整与改变。行为方式的重新选择是以认知调节和态度改变为基础的,受思维方式与态度倾向的直接制约。思维方式与态度倾向如果是积极的,那么个体的行为方式也会是积极的;思维方式与态度倾向如果是消极的,那么行为方式也会是消极的。

在上述例子中,小刚最终对自己提出了以下几点要求:第一,找机会向老师请教,与学长交流,明确大学学习的特点,迅速转变学习方式和方法。第二,提高自学能力,在学习上投入更多时间,暂时退出社团。第三,在学习中注意总结,探索适合自己的学习方法。第四,制定合理的学习计划,坚持执行。第五,学习碰到问题时及时向周围的同学请教。

第三节 大学适应问题与应对

一、莫恋旧,要喜新

· 案例 ·

以下是某大一男生自述:我现在一点都看不下去书,老想着回家。原来在中学时把大学生活想象得挺美好的。可进入大学后,发现情况完全不是我想象中的那样。

宿舍里有两个人和我作息习惯不一样,他们要比较晚才起床,喜欢在宿舍自习，但我喜欢去教室。另一个人和我性格差异很大，我们在讲话时有很多观点不一致，就是话不投机。本来想在宿舍交一个朋友，现在看来也不可能了。中学时，同学之间座位都是固定的，交朋友也比较容易，现在大家座位都不固定，交朋友就难了，宿舍以外的同学之间很难碰到面，大家都忙于学习。我现在很多时候都独来独往，心里很想有个知心朋友，感到很孤单，有时候都想哭。

周围的人都以自我为中心，宿舍里的同学在晚上经常吵闹，根本不顾及别人，不像我们那山区农村，大家都是互相帮助的，同学之间也都很友好。另外在学习上，周围的同学都很刻苦，成天看书，而我每天完成老师布置的作业后，很容易放松自己，不知道做完作业后该干什么事，该看什么书。有时候就在网络上耽误了很长时间，也很后悔，浪费了学习时间。但我看书又总是看不进去，现在也很担心期末考试不及格。

我现在完全没有了在家时的活跃，我都待不下去了，经常想着坐车回家。

（一）案例分析

上述案例的情况是大学新生经常遇到的困惑，主要表现为由于对大学生活不适应，对新环境陌生而产生的依恋过去、渴望回到过去生活的心态。

这是一种正常的心理状态，特别是对于第一次离家的年轻人来说，在对新环境适应之前留恋过去的美好，极为常见。如果不能尽快熟悉和适应新环境，长期处于怀旧、恋旧的心理状态中，就会增加对新环境的心理冲突和抗拒，从而影响正常的生活和学习。因此，尽快适应新环境，克服过度的"回归心理"，对于大学新生来说尤为重要。就该同学的具体情况而言，主要原因如下：

第一，以中学同学关系来衡量大学同学关系，对彼此生活习惯的差异、想法观点上的不同等显得不适应。既没有集体生活中求同存异的态度，也没有人际交往上正确的沟通理念和宽容的态度，而求同存异、正确的沟通理念、宽容的态度，是处理复杂人际关系时所需要的三大因素。

第二，处于学习生活中的"断乳期"而显得无所适从。中学阶段，高考的学习目标明确，又有老师在学习上每一步的具体指导和跟踪。而大学生活，一方面要求学生在学习上的独立性和自觉性,另一方面存在高考目标实现后新目标的寻找和确定,在新目标确定和自主性形成之前正是一个"断乳期"。该同学在学习上的典型表现还是对中学学习方法的依赖和延续,不能自主安排好学习生活,也还没有意识确定新的目标,因而表现出明显的对大学学习生活的不适应。

(二)案例应对

1. 运用认知疗法,改变不合理认知

(1)帮助其认识到适应困难在大学新生中是一种普遍现象,一般来说,任何人在面对新环境时都有一个适应过程。因此,关键在于以积极的态度努力适应新环境,为自己进一步发展创造条件。

(2)介绍新环境的特点以及可以充分利用的大学资源,除了图书馆丰富的学习资源之外,还有良好的体育设施,各种社团组织等。

(3)分析中学和大学的不同,并重点介绍如何安排学习生活以及确立新目标。

(4)在人际交往方面,介绍"求同存异""宽容"的具体内容以及什么是正确的沟通理念,并举实例帮助其实践以上三大原则。

2. 积极参加团体活动

与同学所在的班级及所在系领导进行沟通,多安排一些诸如"学习经验交流""小组体育竞赛""节日联欢会"等多种形式的活动,增进同学友谊。

此外,还可以请该同学参加"心理交流活动",活动由新生、高年级学生、老师共同参加。在活动中,老师可以先请该同学就"当前需要什么""我有哪些困难"等问题当众发言。然后请高年级同学就自己的切身体会介绍经验。

二、莫自卑,要自信

· 案例 ·

某大学三年级女生自述:我一直以来就缺乏自信,譬如小时候,很想参加绘画班,后来发现很多报名的人以前都接受过训练,我是一点基础都没有,担心参加后会出丑,就放弃了报名。后来很多事情都是担心自己出丑就不参加了。

其实,我的学习成绩并不差,但我如果这门课程考得好了,就担心下一次能否保住优势,要是哪门课考得不好,就更加担心了。现在生活中,很在意别人的看法,担心别人会不高兴,很多事都是按别人的意愿去做,结果自己很不舒服。我发现身边的人自信心特别强,很想像他们那样,但我总是做不到。

(一)案例分析

自信心不足,一般来说,对于性格偏内向的大学生来说较为常见,由于自信心不足而产生的自卑心理,大致由以下因素引起:一是中学时代的"尖子"水平到大学时代中下水平形成的心理落差,对自我能力产生怀疑。二是在和其他同学比较过程中较多地关注自我的不足和缺点,尤其是进入大学以后,智力因素(学习)之外的非智力因素,诸如动机、兴趣、情绪、情感、性格、意志等因素会突显出来,某种程度上也暴露了中学阶段应试教育的片面性。三是性格内向,自小缺少相关的自信培养。

就该同学而言,在其自卑心理的形成过程中,第一个因素表现得并不显著,因为她在学习成绩上并没有明显地感受到从中学阶段到大学阶段的落差。比较而言,第二、三个因素在该同学身上表现得较为突出,从她对小时候参加绘画班经历的深刻印象看,第三个因素显得更为核心。

(二)案例应对

基于以上分析,在咨询中应放弃就第一、二个因素进行认知启发的做法,而是有针对性地抓住问题核心,将来访者中心疗法和认知领悟疗法相结合,以来访者自我陈述中"自己身边的人自信心特别强,很想像他们那样"这句话为切入点,在和她身边有自信的人的对比中,启发对方寻找自信的来源,进行自信心培养。

以下是该女生与咨询师的对话:

问：你刚才提到，身边的人自信心特别强，有这样的人吗？

答：有，我们宿舍就有一个女生，和什么人都有话说，而且很多人都愿意和她说话，她这人一直显得特别自信，特别阳光。

问：你发现她有什么不足或缺点吗？

答：有，她英语成绩特别差，但她总是不在乎的样子。我曾问过她有什么追求，她说有一份好工作就行了，要活得开心一点。她似乎对自己要求不高，但我觉得这样没意思，我总想将来做一点成功的大事。

问：她英语差，是不是就不努力学习了呢？

答：不是的，我注意过她，她一直在努力学习，有时候她早上起床读英语比我起床还早。

问：那你能说，她"不在乎""对自己要求不高"吗？

答：嗯，这样看来，她还是在乎的。

问：她既然"在乎"自己英语差，那她有没有表现出不如别人的自卑呢？

答：没有，我从来没见过她有自卑的表现。

问：那是为什么呢？

答：我也不知道，也没有问过她这个问题。可能是她性格开朗吧。

问：性格开朗可能是其中一个原因。我以前听到一个比较自信的同学说"人无完人，每个人都是有缺点的，因此我有缺点是正常的，也是可以接受的"。你同意这个看法吗？

答：人都是有缺点的，我同意，但人总是要不断改正自己的缺点呀，怎么可以接受自己的缺点呢？

问：你说的很好。我觉得这里要区分两种态度的"接受"，一种是"积极的接受"，即在接受自我缺点的同时努力改正；另一种是"消极的接受"，即接受自我缺点不想改，就像有些人说"我就是这种人，你爱怎样就怎样吧"。你刚才提出反对的应是"消极的接受"，你说是吗？

答：是的。

问：现在再来看一下你的那位英语特别差的室友，她之所以不自卑，除了可能的性格开朗的因素外，还会有什么原因呢？

答：应该是对自己的缺点采取了"积极接受"的态度。

问：那你对你自己的缺点呢？

答：我过去一直担心暴露自己的缺点，其实是不能接受自己的缺点；同时又总是以为接受自己的缺点是不对的，没有区分两种态度的接受。

问：我觉得你这样的分析很好。下面我们再来看看你的那位室友，你有没有留意，她有哪些优点和技巧，帮助她和周围的人打成一片呢？

答：有，一个是她说话比较风趣，另一个是她的话题很广泛，跟谁都说得来。

问：这是不是你可以学习的地方？

答：是的。

问：和她比较，你有没有什么优点？

答：有，我的优点是能够和人处长期的朋友，我的朋友不多，但我们关系很好，交往也很深。但我的缺点是不能像她那样在短时间内给人良好的深刻印象。噢，对了，我和她相比，其实各有优点，各有不足。

问：很好，现在我们总结一下，从你那位阳光的室友那里，我们可以获得哪些启示呢？

答：我觉得有三点，第一，要对自己的缺点采取积极接受的态度。第二，多展示和发挥自我优点。第三，在和他人交往中互相取长补短。

三、莫片面，要全面

·案例·

某大学一年级男生自述：期末考试快到了，但我现在很担心自己会挂科。每天拼命看书，除了吃饭睡觉外，其他时间都用来学习。但最近总是注意力不集中，书也看不下去，晚上睡眠也不好。我想拿奖学金，用优异的成绩来显示自己的才能，以补偿其他方面的不足。

我来自农村，我们那儿很苦，经济条件也很差，我从小就意识到农村的孩子读书上学不容易，所以自幼就刻苦学习，一直在班上成绩都很好，高考时的成功令全家、全村人都为我高兴。但进入大学后，我并不高兴，总觉得处处不如别人,我的穿着、举止都土里土气的。上中学时,学校就不重视体育课,现在上体育课时,动作也很别扭,又没有什么业余爱好和文艺才能,也无法像班上那些来自城市的学生那样活跃。另外,家里好不容易凑够了钱供我上大学,我也舍不得花钱,每天去食堂吃饭都捡便宜的吃。我从来都没有看过电影,也觉得这样很累,没有那些衣食无忧的城市同学轻松、潇洒。

和那些来自城市的同学比,我先天就不如他们,想到这些就很自卑。但我又不甘心如此,就想拼命学习,一方面用自己的成绩弥补不足,另一方面也想拿到奖学金,减轻一点经济压力,学校的困难补助、助学贷款我都没有申请,因为我想通过自己的努力来获得经济来源。

(一)案例分析

来自农村的该同学进入大学以后,典型地表现出在贫困农村和富裕城市之间强烈反差面前的不适应,环境的悬殊加剧了自尊心和自卑感的矛盾冲突,导致心理失衡,以至于影响学习所要求的正常心态。

在大学新生的适应过程中,从农村来到城市的同学,普遍存在类似该同学的心态,在和来自城市的同学的比较中,发现了自己在学习以外的才能上的不足,在物质生活上的巨大反差,而忽略了自身优点,导致自卑。又由于来自农村的学生一般在早期都已具备勤奋刻苦的精神,因此,渴望通过自我学习优势的发挥来弥补不足,维护自尊。但由环境所导致的自我评价和认知上的失调,造成了内心自卑与自尊的冲突。

因此,对于该同学来说,关键在于如何消除其自卑心理,建立自信,如何将外界环境的压力转化为激发学习的动力,如何对自我形成正确评价,从而让自尊维持在正常的水平。

(二)案例应对

鉴于该同学自卑形成的时间不长,其认知误区程度不深,又由于是大一新生,因此,咨询中主要采取认知上的指导和启发。

首先,在讨论中启发他主动挖掘自我优点,诸如勤奋刻苦、节俭的优良习惯等，肯定其优点，帮助他对自我和他人形成全面而客观的评价，消除主观片面评价，建立自信。

其次，通过对"天将降大任于斯人也"这句名言的介绍和讲解分析，帮助其建立对自我所处逆境的积极认知，并介绍面对逆境和压力的两种态度，以纠正其置身逆境时的消极态度。

第三，在对待学校提供的困难补助和助学贷款的态度上，帮助其树立现实态度，克服因过度自卑而形成的排斥心理。

·名言警句·

天将降大任于斯人也，必先苦其心志，劳其筋骨，饿其体肤，空乏其身，行弗乱其所为，所以动心忍性，增益其所不能。

四、莫失落，要振作

·案例·

王同学是某重点大学的大一学生，半年来，他因自己不再是出类拔萃的尖子生、不再是学生干部、不再受到老师的宠爱而失落痛苦，他感到自己各方面都表现平平，这与他在中学时代截然不同。王同学开始怀疑自己的能力，对未来也不再满怀希望，他变得既不服气别人，又不满意自己。非常要强的王同学该怎么办呢？

（一）案例分析

王同学没有认识到这样一个道理：人在环境中的地位是随着环境的变化而变化的。在原来的环境中，是佼佼者，被人看重，有其客观性，但到了与原来环境有较大差别的新环境以后，而变得平凡，同样有其客观性，不以人的意志为转移。不懂得这个道理，就不能接受现在的自己，适应不了新环境。要消除或减弱他的失落心理，就必须首先解决认知问题。

（二）案例应对

让王同学明白和接受以下几点建议：

（1）一个人永远保持领先的地位是不现实的。你已经来到了"尖子生"聚集的重点大学，进入了优秀群体，同学也都是百里挑一、千里挑一的佼佼者。在这样的群体中，一个人在各方面都表现突出是不可能的。学校里既有文体特长生，又有外语、作文、辩论等各类比赛的冠亚军或优胜者，你不可能在每项活动中都能出类拔萃，其他人同样不能成为"全能冠军"，你要发掘自己的潜能，和自己比，只要不断进步就应当感到欣慰。

（2）到大学后，评判优秀的侧重点已经发生了变化。中学老师青睐的是学习成绩优秀的同学，而大学老师更欣赏知识面广、思维敏捷、有独到见解、善于发现问题、有研究能力、勇于发表自己的观点的学生。另外，不同的课程侧重培养学生不同的能力，因此，很难找到一个学生是受所有老师喜欢的。

（3）全面客观地认识自己，不断超越自我。在大学里要学会重新认识和评估自己的特点、优点，善于发挥自己的优势，尽量弥补自己的弱点。个体是在不断超越自己的同时超越他人并赢得人们的赞赏的。能够不断战胜自己的人，才能去超越他人，最终获得成功。一个人成长的过程也就是他进行自我探索的过程。

（4）扩大参照系，把握现在。每个人生活在现实中，会情不自禁地与周围的人进行比较，希望自己是其中优秀的一员。但人生不只局限在四年的大学生活中，你现在比周围同学优秀并不一定代表一定拥有美好的未来。你需要把目光放长远，把自己放在社会大背景下来评价自己。因此，你要把握好现在，努力适应大学生活，全面锻炼自己。有压力就应立刻采取相应的措施，把压力转化为奋发向上的动力，在实际行动中不断提高自己，在充实的学习生活中体验收获的欢乐。

第四节 适应的普遍策略

一、树立科学世界观

世界观是人们对自然、社会和人类思维等的基本看法。世界观是个体在社会实践中形成的对世界的总的看法，在人类的心理结构中居于较高层次，以观念、信念、理想、需要、动机等具体形式表现在人类的个性倾向中，决定人类的活动方向和方式，对适应起着重要的指导作用。确立科学的世界观，即辩证唯物主义世界观，才能懂得世界本是多样性的，环境是人存在和发展的基础，才能正确处理人和环境的关系，有效解决个人与生活之间的矛盾冲突，减少或消除对环境的不适应以及由此导致的紧张状态，保持心理健康。

二、要适应，莫顺应

适应与顺应有区别亦有联系。适应是积极的、能动的、有利于生存和发展的，所以，适应也称积极适应。只是被动地不利于自身生存和发展地改变自己以顺应环境，不是适应的本质，有人把这种顺应称为"消极适应"，其实不妥，因为这混淆了"适应与顺应"两个不同的概念。顺应即被动改变自己实现与环境的统一，其结果与自己生存和发展的关系，有四种情况：一是有利；二是不利；三是利弊共存；四是无弊无利。第一种情况称为"积极顺应"；第二种情况称为"消极顺应"；第三、四种情况称为"中性顺应"。可见，适应是主动的，对个人发展往往是有利的；顺应是被动的，对个人发展常常是不利的。所以，我们倡导适应，不主张顺应。

适应是指个体在客观环境中积极主动地调整自己与环境的不平衡的行为，增强个体在环境中的主动性、积极性，使自身得到发展。任何环境中都存在着有利于个人成长的积极因素和不利于个人成长的消极因素。适应是要正确地分析自身和环境的特点，从对二者的分析中找到自己的生长点。然后付诸实践，将环境中的有利因素和个性中的积极因素统一在自己能动的实践活动中，个人就获得了一种适应。例如，都是家境贫寒的大学生，有的人自立自强，有很强的乐观精神。他们不怕吃苦、积极肯干、勤奋学习争得奖学金，从事家教等兼职工作增加收入，不仅改善了自己的经济状况，而且锻炼了多方面的能力。也有个别大学生因为贫困而处处感到自卑，觉得生活无望，在学习、生活等方面都止步不前。无论在什么样的环境中，只有通过个人的努力实践适应环境，个人才能不断发展。

消极的顺应是指个体被环境机械同化的过程。在这一过程中，个体认同、顺应了环境中的消极因素，压抑了自身的积极因素和潜能，违背了自己的心理发展方向。其结果是环境改变了人，而人未发挥自己对于环境的能动作用。例如，有的大学生因为自己的几门课程成绩不理想，就悲观失望，觉得前途渺茫，不思进取，最终在学习上越落越多，不得不降级。这样的消极行为是以压抑自己的潜能，牺牲个人的心理机能和品质为代价的，这种对环境的消极顺应是退化，不是发展。

·实验·

将一只活蹦乱跳的青蛙投进热水锅里，青蛙会立即跳出来；如果把青蛙放在凉水锅里，下面用火慢慢加热，青蛙竟然一动不动，舒舒服服地浮在水里，直到它感觉到烫，想跳出来时，却已无力逃生。

这个实验耐人寻味。为什么那只青蛙一接触到热水就能逃脱厄运，而在慢慢加热的冷水锅中就不能幸免于难呢？根本原因，还在于其对所处环境变化觉察不到，满足于舒服的眼前环境，对未来的恶劣环境预料不足，以至于逐渐丧失了抵御外界恶劣环境的能力。

适应对大学生的发展、成才具有十分重要的意义。首先，适应是心理健康的一项基本标志，是大学生必备的心理素质。其次，适应是现代社会的需要。每个人从中学步入大学，从大学步入社会，从一种生活环境进入另一种生活环境，都需要人们学会适应。再次，适应是大学生获得成功人生的需要。一位哲人曾经说过："生活的成功与否，要看适应能力与其内外机遇调剂融合的难度是否相对应。"面对剧烈变革的社会，面对无数的挑战和机遇，拥有良好的适应能力，能够更容易地获得成功。

三、莫苛刻，要宽容

苛刻是指对环境要求高，且要求得不到满足时，会产生消极情绪。环境是千差万别的，而且环境时常不被个人所左右，所以，苛刻的人时常会与环境发生冲突，与环境格格不入。可见，苛刻是适应的大敌。相反，宽容则是适应的朋友，是适应的心理基础，宽容的人对环境有较好的适应性。宽容的人最懂得"求同存异"，以宽广的胸怀包容多样的环境，对人对己都有利，所以孔子积极倡导："君子求诸己，小人求诸人""躬自厚而薄责于人""攻其恶，无攻人之恶""不怨天，不尤人""严于律己，宽以待人"的品质。

孔子的学生子贡曾问孔子："老师，有没有一个字，可以作为终身奉行的原则呢？"孔子说："那大概就是'恕'吧。"恕，用今天的话来讲，就是宽容。

· 负荆请罪 ·

蔺相如因为"完璧归赵"有功而被封为上卿，位在廉颇之上。廉颇很不服气，扬言要当面羞辱蔺相如。蔺相如得知后，尽量回避、忍让，不与廉颇发生冲突。蔺相如的门客以为他畏惧廉颇，蔺相如却说："秦国不敢侵略我们赵国，是因为有我和廉将军。我对廉将军容忍、退让，是把国家的危难放在前面，把个人的私仇放在后面啊！"这话被廉颇听到，就有了廉颇"负荆请罪"的故事。

· 名言警句 ·

- 大肚能容，容天下难容之事。
- 宽容是文明的唯一考核。
- 智慧的艺术就是懂得该宽容什么的艺术。
- 宽宏精神是一切事物中最伟大的。
- 生活中有许多这样的场合：你打算用愤恨去实现的目标，完全可能由宽恕去实现。

- 诚挚地宽恕，再把它忘记。
- 最高贵的复仇是宽容。

四、莫虚度，要作为

进入一个新的环境，产生不熟悉、不满意、不安全的心境，是十分正常的。只要能积极行动，有所作为，为自己或为别人做些与新环境有关的事情，就会逐渐了解和熟悉环境，别人也会从你的行动中了解并接纳你。同时，积极表现自我还可以摆脱由于对环境不适应而产生的孤独、苦闷等负面情绪，感受到充实和愉快。在新环境中积极作为，取得成绩，增强自信，是预防和消除适应困难的积极有效的办法。

•实验•

美国行为主义心理学家桑代克用木条钉成个箱子，在箱子里，有一个能打开门的脚踏板（开关）。当门开启后，猫可以逃出箱子，并能得到箱子外的奖励——鱼。实验一开始，猫进入箱子中时，受到饥饿驱力的刺激，先是用爪抓箱子外的鱼，取不到，便在箱子里表现出极度不安的状态，然后乱抓乱跳，用鼻子或爪子乱撞箱门，时而坐、时而咬箱壁。在这一系列的反应活动中，猫偶然地碰到了脚踏板，于是门被打开了，猫脱门而出，吃到了鱼，然后平静了下来。

这个实验形象地告诉我们，对于不能满足需要的环境进行适应，这是动物生存的本领。动物等有机体为了满足自己的本能需要，会使用一系列反应方式进行尝试，直到能够满足需要、重新适应为止。

人的适应与发展过程与动物有相似之处。当人产生了某种需要时，个体原有的问题解决模式不能使自己的需要得到满足，这种阻碍可能来自于客观环境、个人能力的欠缺或个体需要的内在矛盾。面对这种新环境的适应困难，个体就会产生不同程度的紧张和焦虑。为了解决这种紧张和焦虑，个体就要积极行动起来，尝试寻求新的解决问题的反应方式。在一次次的尝试中，在反复、积极地作为中，个体找到了成功的方式，缓解了心理的紧张，满足了个体的需要。在这个积极作为的过程中，个体学会了适应，自我得到了发展。

第三章

学习心理

第一节 概 述

一、学习的定义

（一）广义的学习

行为主义心理学家把学习定义为由经验引起有机体的行为的持久变化。这里的行为是指外显的变化，可直接观测；不包括虽可间接观测但不可直接观测的内隐的变化。人和动物都有学习行为，但动物只能进行简单学习，如经典条件反射、操作性条件反射等；人类可以进行高级复杂的学习，如学习概念、原理和解决问题等。

鲍尔和希尔加穆在《学习论》(1981)一书中曾将学习定义为："学习是指一个主体在某个规定情境中的重复经验引起的、对那个情境的行为或行为潜能的变化。不过，这种变化是不能根据主体的先天反应倾向、成熟或暂时状态（如疲劳、醉酒、内驱力等）来解释的。"

这一定义在学习的变化中包含了行为潜能的变化（内隐的变化）。加涅则更明确地把学习定义为："学习是人的倾向（disposition）或能力（capability）的变化，这种变化能够保持且不能单纯归因于生长过程。"加涅实际上是用内部的变化来给学习下定义了。不过，加涅认为，内部的变化不能观察，必须通过外部的行为，通过作业或操作（performance）的变化来做出学习是否发生的推论。

归纳起来，广义的学习定义中有三个要点：

（1）主体必须产生某种变化，我们才能做出学习已经发生的推论，也就是说，光有练习不一定产生学习。儿童从不会叫爸爸到学会叫爸爸，这里有学习。以后仅重复叫爸爸，这种重复的活动或练习就没有学习意义了。

（2）这种变化是能相对持久保持的。有些主体的变化如适应、疲劳不能称作学习，因为这种变化是暂时的，条件变化或经适当休息，这种暂时性变化就迅速消失。

（3）主体的变化是由其与环境的相互作用而产生的，即后天习得的，排除由成熟或先天反应倾向所导致的变化。

（二）狭义的学习

狭义的学习指教育情景中的学习，是人类独有的。在教育情境中的学习与日常情境中的学习不完全相同。教育是有目的、有计划的，可以说，教育是按照教育目标改变学生心理和行为的过程。因此，教育情境中的学习可以定义为：凭借经验产生的、按照教育目标要求的比较持久的能力或倾向的变化。可见，教育中的学习，即狭义的学习主要指向内隐的行为变化。

二、学习活动的构成要素

（一）学习者

人类和动物都能从事学习。对于人类来说，学习涉及以下三个过程，感觉器官接收外界的信息或刺激；中枢神经系统加工从感官接收的信息并贮存信息；效应器则根据中枢的指令做出相应的反应。

（二）刺激情境

刺激学习者感官的事件（events）统称刺激情境，单一事件常称为刺激。作用于学习者的刺激既有外部环境的，也有来自体内的，如在学习动作技能时，来自肌肉运动的刺激就是内部刺激。

（三）反应

由刺激作用和随后的神经活动引起的行动或动作（action）称为反应。反应有器官的、肌肉的、腺体的或者精神的。反应既可以习得，也可以消退。

三、学习过程的主要特征

首先，学习是一个中间变量，它介乎经验与行为之间，学习者必须凭借反复经验，才能有行为或行为潜能的持久变化。当人们表现出一种新的技能，如游泳、驾车、打字、编织等，我们即可推知，学习已经发生了。有时，人们通过学习获得的是一些一般性的知识，比如对现代艺术的鉴赏力，这类学习往往不会在人们的日常行为中直接表现出来，但它们却影响着人们在将来对待某些事物的态度和价值观念，即它们改变的是人的行为潜能。固然，行为或行为潜能的变化可以通过外显的操作表现出来，但有时操作并不能反映出学习的全部内容。学生的考试成绩不好，不一定是学习没有发生，也可能是学生的考试动机过强或过弱所致。因此，学习并不一定等于操作。

第二，学习所引起的行为或行为潜能的变化是相对比较持久的。药物、疲劳、疾病等因素均能引起行为或行为潜能的变化，如运动员服用兴奋剂从而提高了比赛成绩，工作人员因疲劳降低了工作效率等。但是这些变化都是非常短暂的，一段时间过后便都消失了。而学习则不然，我们学会游泳、滑冰、骑车，这些技能几乎终生不忘。

第三，学习是由反复经验而产生的。我们知道，个体的成熟乃至衰老也会使其行为产生持久的变化，如青春期少年的嗓音变化，这种变化是由于身体的生理发育引起的，是成熟的结果，与经验无关，因此不能称为学习。经验产生学习大致有两种类型：一种是由有计划的练习或训练而产生学习，如学生在学校里的学习；另一种是由偶然的生活经历而产生学习，如路遇交通事故而体会到遵守交通法规的重要性等。学习虽然是由经验产生的，但也离不开个体的成熟，只有当个体具有一定的成熟准备时，经验才会发生作用。

四、学习的意义

从生物进化的观点来看，学习是有机体适应环境的手段。有机体适应环境有两种方式，一种方式是先天决定的反应倾向，这是固有本能，如人类婴儿和其他哺乳动物生下来就会吃奶。但这种先天的本能适应的环境非常有限，有些物种因适应不了迅速变化的环境而灭亡。人类婴儿与初生的动物相比，相对来说独立能力低，天生的适应能力也低。但是人类却有动物不可比拟的适应能力。这是因为有机体还依靠另一种方式即学习适应环境。学习适应环境的特点是迅速和广泛的。本能的变化需要千万年的演化，而学习带来的变化有时只需要几分钟。

学习是教育存在的先决条件，也是它的目的。不仅教育，社会的各行各业都离不开学习。在竞争越来越激烈的现代社会，只有善于学习，吸收优秀传统文化并勇于冲破传统的束缚、进行创造，才能不断进步。

第二节　大学生的学习特点

大学阶段是人才成长由"求学期"进入"创造期"的过渡阶段。大学学习对每个人今后的发展至关重要。然而，有许多大学生进入高等学府后，却不能很快适应大学学习，出现这样或那样的问题。究其原因，大学生不了解大学学习的特点是主要原因之一。与中学相比，大学教育具有专业性、探索性、职业定向性、社会服务性等特点。因此，大学生入学后要经历"学习适应期"，想要顺利度过"学习适应期"，就要首先了解大学学习的"应然特点"，即根据大学的教育性质和特点决定的大学生学习本应具有的特点。"应然特点"不同于"实然特点"，大学学习的"实然特点"是指现实大学学习中实际存在的特点，应然与实然总有差距，应然是实然的发展方向或终极目标。

一、大学学习内容的特点

（一）较高的专业性和职业定向性

大学教育的主要任务是为社会各系统、各行业培养各类专业人才。大学毕业后，绝大多数学生都要在社会各系统、各行业的实践领域从事与自己专业相关的职业活动，学有所用。所以大学生一进校就开始分专业，在某一专门领域从事深入的学习。学习的基本内容必须服从本专业的培养目标，为毕业后参加职业活动做准备。大学学习活动的专业化程度较高,职业定向性较强。由于这一特点,对专业是否有兴趣直接影响大学生学习兴趣,并影响其学业状况和整个大学生活。

(二)丰富性和结构性

虽然大学生的主要精力应放在本专业的学习上,但为了适应当今社会对复合型人才的要求,每个大学生还必须具有广博的文化知识。大学生既要学习理论,也要学习技术,还要学习一些基本的法律、法规、道德规范和时事政策等。

为了全面培养大学生的综合素质,大学生的课程设计往往是全方位的,结构完善。例如,大学生要学习门类众多的公选课、基础理论课、专业主干课和各种选修课,其知识的构成具有很强的科学性、结构性。

(三)高层次性和探索性

在大学学习中,除了要重视专业理论的科学性、体系性,重视专业能力和综合能力形成的同时,还应该了解学科的最新研究成果及其发展趋势。大学教师在教学中也非常重视将学生引向学科领域和社会实践的前沿,及时向学生介绍国内外本专业或本学科发展的现状和趋势,介绍不同学派的观点。高年级时,许多专业课学习的起点高,视野宽,包含一些有争议性的、没有定论的学术问题,这就给大学生拓开专业视野、激发创造性思维提供了机会。

(四)应用性和实践性

由于大学学习的职业定向性较强,因此在大学学习中,实践知识的掌握和动手能力的培养具有特别重要的意义。现代社会是学历加能力的社会,与本专业相关的操作技能和综合能力的培养日益为高等院校教学所重视。大学生在校所学到的一切知识、技能和理论都是为了指导实践、服务实践。因此,各类学校在教学计划中都安排了实验、见习、实习、社会调查、校外培训等环节。

二、大学学习阶段的特点

整个大学学习的过程可以划分为以下几个阶段：

（一）学习公共课阶段

在此阶段，学习大学公共课，大学通识课即面向所有大学生开设的公共课，如，政治、体育、外语等。

（二）学习专业课阶段

专业课包括专业基础课和专业非基础课。专业基础课也可称为专业理论课，它主要介绍本专业的基本概念、原理、规律及处理专业问题的基本思想方法。专业非基础课包括专业高级课（如学术前沿课）、跨学科课程和技能课程等。这类课程直接指向将来的就业领域。

（三）实习、毕业论文（设计）阶段

这是大学学习的最后阶段。有些大学生认为这是最为轻松的阶段，其实不然。在大学生学业结束、踏上社会前夕，如何运用已掌握的理论知识、技术知识和各种能力，按照正确的观点、思维及工作方法，独立、全面地进行一项实践和专业论文的写作或毕业设计，对于未来的职业发展影响深远。

许多大学生都有这样的体会，每当进入一个新的学习阶段时，都会感到不同程度的不适应。相比而言，进入第一阶段时产生的不适应是三个阶段中最困难的。这是因为第一阶段的教学方法及学习方法与中学阶段差别很大。进入第二阶段产生的不适应是由于对专业理论的内容不熟悉造成的，因为在之前十多年的学习中，我们没有接触到如此抽象、深奥、陌生的理论知识，对于理论知识方面的要求不容易领会。第三阶段的不适应主要是学习方法不适应，原因在于缺乏专业方面的学术锻炼和实践经验，知识不能与实践相结合，不能及时实现从"学习者"向"研究者"的角色转换。上述三个"不适应"就是大学学习中的三个主要矛盾，只要大学生对此有了思想准备，知道了不适应的原因，积极主动地改变自己，去适应这些学习特点，努力的方向就会明确，学习就有可能事半功倍。

三、学习方法的特点

（一）自学成为最主要的学习方法

大学生在入校之前，都有十多年的中小学学习经历。中小学学生的一切活动都是在教师的安排和指导下进行的，学生要做的就是集中精力、跟上老师的步伐。进入大学后，他们接受的是专业化的教育。

大学教师为了阐明学科理论的体系，往往旁征博引，系统地论述，课堂教学内容多，信息量大。具体掌握这些知识要靠学生课下自己去阅读、钻研和理解。因此，自学能力已成为决定大学生学习效果的重要因素。

在学习方法上，要从中学阶段以记忆为主向以理解为主的方法转变。在时间安排上要有较强的计划性，能合理制定学习计划，对学习活动进行自控等。否则，或是忙乱不堪，不得要领；或是浪费时间，所学甚少。

（二）学习具有一定的自主性和创新性

大学生在完成专业性课程学习任务的同时，可以根据自己的成长目标和实际需要，挖掘自己在某一方面的潜能，发展自己的兴趣爱好和特长，有意识地扩充某些知识。大学生可以跨学科、专业甚至学校选修某些专业课程。也可根据自己的兴趣爱好，有目的有计划地自修某些课程或从事某些具有探索性质的研究活动。

随着学习的深入，大学生学习的批判和创新意识越来越明显。大学生不再轻信教师讲课的内容、书本上现成的结论，不迷信专家、学者的有关论述，相信通过自己的独立思考能够探索出新的独特的结论。很多大学生会在课堂上和教师讨论某些学术问题，在课下和同学激烈辩论、互不相让。这种独立批判的创新意识是非常可贵的学术研究精神，应积极保持。但也要避免出现盲目自信和认知上的片面性。大学的学习不仅要求理解、巩固知识，还要在学习中培养独立思考、探索创新的精神。而死记硬背，墨守成规，缺乏灵活性和创造性的大学生将可能会感受到挫折。

（三）学习途径的多样性

在中小学阶段，课堂学习是学生学知识的主要途径。在大学，除了课堂之外，还有许多学习方式和途径丰富着大学的学习生活。大学生可以在图书馆或资料室查阅文献，也可以参加教师组织的科研课题活动、充当助手，聆听各种学术报告和讲座，还可以在实训、实习、校外考察中学习。大学中的各类社团活动与校园文化活动不仅锻炼大学生的实践能力，也丰富了大学生的知识。随着现代教育技术在大学校园中的普及，网络也成为大学生一种新的学习途径。大学生可以利用网络从事学习活动。除了校内的多种学习途径外，大学生还可以和社会实践相联系，进行各种社会调查和咨询服务，在社会实践中学习。这些活动不但可以提高大学生的学习积极性，还能提高独立学习和工作的能力，为将来顺利进入社会取得职业成功打下坚实的基础。

心理学家赫伯特说，未来的文盲已经不是不能阅读的人，而是不会学习的人。

第三节 大学生学习心理问题与应对

一、弱化兴趣，强化目标

·案例·

某大三男生自述：我一直感觉很无聊，不想学习。目前成绩还好，没有不及格的课程，但我一点兴趣都没有，只是压着自己学，情绪好的时候，还能压住自己；情绪不好的时候，就压不住了，就逃课，上网打游戏，无目的地逛街，或者和同学打牌。

我又总是觉得心里不舒服，觉得时间浪费了，有负罪感，精神很压抑，睡了一觉就会好一些，我还是控制不住自己。我很想做一些创新活动，但现在感觉课程之间缺少连贯性，无法深入，考试也很浅，只是知识性的东西，感觉很无味，也不想去记。

以前我学习兴趣特别浓厚，高中时发生了"意外"。因为成绩突出，我从普通班调入竞赛班，要参加数学竞赛，但我当时特别喜欢物理和化学，但竞赛班只有数学竞赛，当时感到压力特别大，又要竞赛，又要高考，于是拼命学，但我学数学完全不是出于兴趣，而是应付，或者是好胜心。巨大的压力使我逐渐对所有课程都没有了兴趣。当时数学老师一直很关心我，有一点进步，他就鼓励我。结果我因竞赛成绩好，被保送进了大学。

高中时由于要参加竞赛，英语有两年时间没有学，进入大学后，感觉英语水平差，也没有别人提高快，而我又喜欢学那些最能体现我优势的课程，于是一看英语就烦，现在英语还很差。

刚进大学时，根本不懂什么人际关系，表达能力也很差。父母就要求我提高一下综合素质，我就看了许多课程以外的"闲书"。但我又觉得看这些书也没什么用，还不如把成绩搞好，也好出国或保研。但我又对课程不感兴趣，现在人际交往、表达能力好多了，成绩却并不理想。

我一开始就没准备出国，父母也反对，说我基本素质还不够，英语又很差，只能凭自己的特长保研，但我又不甘心，觉得出国对自己发展会更有利，但又觉得英语很难，就放弃了，有时也想，国内也会有让我发展的环境，并不一定要出国。

（一）案例分析

进入大学后，因为找不到像高考那样明确的方向而迷茫失落，自己被录取的专业方向和自我兴趣的不统一而导致厌学逃课，这在大学生中较为普遍。由于中学时代的应试教育，使得大学新生普遍表现出明显的依赖倾向，独立性差，自主能力不足，因而和要求自律、自主决定的大学环境相冲突。这是当前大学生困难的一大诱因。

该同学的迷茫厌学就是一个典型。由于缺乏自律，使得他明知浪费时间，仍控制不住玩游戏、打牌；由于缺乏自主能力，使得他在出国还是保研，是以提高综合素质为主还是以搞好成绩为主等问题上，犹豫不定。

"兴趣是最好的老师",固然,有兴趣可以激发自我更好的学习,但该同学在大学阶段一味强调兴趣学习,而在自主学习上表现出很大的劣势,这也是很多大学生厌恶所学课程和专业的一大诱因。

从该同学的转变来看,高中阶段的"意外"是关键。从普通班调整到竞赛班,在当时应是无数学生羡慕的对象,但在该同学的心中却只是一个"意外",原因有:一是被迫参加数学竞赛,放弃物理、化学,扼杀了他极为可贵、在中学阶段也是最重要的兴趣源。这是该同学深感"意外"的主要原因。二是在中学阶段培养其数学特长,妨碍了他在中学阶段建立全面而扎实的知识基础的正常进程,导致他的外语基础因两年的中断而显得薄弱、不扎实。这在很大程度上妨碍了该同学出国目标的树立。

由此看来,中学阶段注意培养学生由目标主导的学习自主性,不能片面强调学习兴趣,注重学生全面而扎实的知识基础的建立,防止片面发展,显得尤为重要。

(二)案例应对

(1)首先解决认知问题,应向该同学明确指出,"随意性"是人类心理成熟的重要标志,即成熟的心理和行为主要由目标支配,主要受"兴趣"支配,是幼稚的表现。人的心理成熟过程就是一个由"不随意性"向"随意性"的过渡过程。大学生应是心理较为成熟的群体,一味强调兴趣对儿童来讲有客观性和合理性,但对大学生来讲则是不合理的,是幼稚的表现。应积极强化自己的"随意性",尽早实现生理年龄与心理成熟水平的"合拍"。纠正其单凭兴趣学习的片面性。

(2)采用来访者中心疗法,走出模糊不清、混乱矛盾的认知误区和困扰。在咨询引导中,可明确其主攻专业方向和出国深造的大学目标。

(3)鼓励对方勇于面对困难,并帮助其明确目前最大的两个困难:一是后面每学期各门功课都要达到90分以上才能达到出国要求的课程平均分(GPA),二是外语基础差的困难。

二、莫郁闷，要快乐

•案例•

某大一男生自述：我现在感到学习压力很大，注意力不集中，效率也很低，有时做一道题要花费很长时间，上自习看书总是走神。看到周围的同学学习都很刻苦，我也不敢懈怠，每天拼命学习。每天早上7点起床，有时早餐也来不及吃就上了教室，中午也舍不得休息，吃过饭，看一会报纸，就去看书，晚上要到12点甚至凌晨1点才睡，结果上课总是犯困。

上次我买了一本很好的数学参考书，心里很不想告诉别人、不想让别人看见；但又担心别人发现后说我自私，心里很矛盾。中学时住在家里就没有这种情况出现，买了好书，放在家中，别人也不会发现。

有一次，觉得学习太累了，就一个人上街逛了半天，但心里也不舒服，想想又浪费了半天时间，现在是看书也看不好，玩也玩不好。自己也定过学习计划，但很难执行，实际学习过程中基本上没有用。譬如说，下午计划做5道题，实际上根本做不了这么多题，计划也就没用了。

向父母诉说，他们叫我别担心，可我现在这样又怎能不担心呢。他们还建议我早锻炼，我坚持了两个星期后，就放弃了，因为我早上要读英语，时间来不及。

中学时，除了上体育课，也不怎么运动的，只是每天要骑半个小时自行车上学和放学，那个时候学习也没现在这么累。

（一）案例分析

该同学的困扰属于大学新生的学习不适应。这种不适应主要表现在以下方面：

（1）学习心理上的"鸵鸟效应"，以为在学习时间上和同学拼，就可以在学习上取得竞争优势，而将休息娱乐的时间看作是对学习时间的浪费，并一味地在学习时间的大量付出中寻求心理安慰，但在实际效果上却适得其反。

（2）在同学关系的认知上，只看到同学之间互相竞争的一面，而表现出在同学关系认知上的片面性。认知的片面性加重了该同学在学习态度上的心理负担。

（3）缺乏正确的学习方法。中学阶段的学习较多地根据老师的要求和指导来安排学习，但进入大学阶段则更多地强调学习的自主性，因此，掌握科学的自我学习方法显得尤其重要。就该同学来说，制定计划，进行锻炼都不失为有利于学习的好方法，但他在制定计划的科学性、安排锻炼的适宜性上缺乏技巧，于是出现了某种教条主义倾向。

（二）案例应对

首先，应启发他纠正错误的学习认知，即将休息娱乐看成是对学习时间的浪费。在比较分析中帮助树立正确的学习观念，即以学习为主要目的，而将休息和娱乐看成是有助于学习的一个重要手段。从而使得学习生活主次分明，学习和娱乐互补互助。借此来消除他学习注意力不集中，又认为休息娱乐是浪费时间的心理困扰。同时，介绍分析将娱乐看作是以学习为主要目标的手段，也是一种对学习生活的有效调节手段。这一调节手段也是符合大脑记忆的科学规律的。

其次，通过帮助他回忆中学生活中同学之间互相帮助的事实，纠正他在同学关系认知上只看到竞争的片面性。引导他进一步认识到，同学之间既存在互相竞争的一面，也存在互助互爱的一面。改正其行为上初步形成的防备性行为。

引导其摸索适合自己的学习方法。在制定学习计划上，要掌握计划的原则性和灵活性的统一，既要在宏观计划的安排上根据目标需要坚持原则性，又要在微观计划上给自己留出机动的空间。同时，将"把娱乐看作是对学习生活的有效调节"这一认知落实到学习计划中去，在总体安排上留出娱乐时间。将体育锻炼看作娱乐的重要组成部分，摸索出适合自己的体育锻炼时间，然后在学习计划中体现出来。

第四节　大学生学习策略

一、兴趣、动机策略

兴趣是对某事物产生积极情绪的心理倾向，学习兴趣是对学习的快乐追求。动机是某种内驱力或内部动力，学习动机就是学习的内部动力。一般来说，有兴趣必有动机，有动机则不一定有兴趣，如我们对学习产生了兴趣，就肯定有从事学习的内部动力；而我们有学习的动机则不一定对学习有兴趣。兴趣和动机是有效学习的心理基础，兴趣和动机是个体持久和有效从事某项活动的心理保障，牛顿、爱迪生等伟大的科学家、发明家，几乎把全部的时间和精力都用在了科学研究和发明创造上，整天"泡"在实验室里，他们感觉到生活的充实和莫大的"享受"。原因在于他们对自己为之献身的事业有着执着的追求和兴趣，进而产生了强劲且持久的内部动机。因此，大学生要在学习上有所作为，就必须培养学习兴趣和学习动机。兴趣、动机的培养包括他人（教师、家长等）培养和自我培养两个方面。

（一）教师培养和激发学生学习兴趣、动机

1. 强调学生的主体性

学生的主体性是指学生的能动性和创造性。教学中强调学生的主体性，就是充分调动学生参与教学的热情，使他们真正感到自己是学习的主人并能体会到创造的乐趣。但是，长期以来，在教师的主导作用和学生的主体性两者之间，我们往往强调前者，而忽视了后者，致使学生在教学中处于消极被动的地位。众所周知，人是有主观能动性的，这种主体性随着年龄的增长而不断膨胀。主体意识日益增强的青少年长期从事消极被动的学习活动，感到索然无味、负担过重是相当正常的。因此，要使学生对学习感兴趣，就必须充分强调学生学习的主体性。为此，要在以下几个方面努力。

（1）制定主体性教育目标。教育目标中包括对学生主体应达到的身心素质和社会价值两个方面的规定。长期以来，我们过分强调学生应具有的社会价值，

而对学生的身心素质缺乏足够的重视，特别是对学生的能动性缺乏足够的关注，这是过分强调个人服从集体而产生的结果。现在，我们应两者并重，把培养学生的自我教育、自我管理、自我完善、自我决断等主体意识和主体能力放在一个突出的位置。

（2）选择主体性课程类型。活动性课程是典型的主体性课程。因为，活动是主体存在和发展的方式，是人的主体性生成和发展的源泉和动力。正如马克思所说："人的活动是社会及其全部价值存在发展的本源，是人的生命以及作为个性的发展与形成的源泉，教育学离开了活动就不可能解决任何一项教育、教学发展任务。"

（3）选择主体性教育的内容。主体性教育内容应符合三个条件：第一，能唤醒学生的主体意识，易于学生参与和感受；第二，能够发展学生的能力，能够使学生循序渐进地感受到从事学习实践活动的成功愉悦，因此，选择教育内容时必须考虑学生的接受能力，不能过难使学生在长期失败中感到自己的渺小，无法看到自己的能力，进而影响主体性的发挥；第三，能够塑造学生的主体人格，这种主体人格应是人的各种能力和素质的综合体现。因此，教育内容应有一定的广度和深度，否则学生人格的发展则是不完善的。

（4）选择主体性教育模式。严重压抑学生主体性的那种教师讲学生听的被动的教育模式应该被摒弃，应大力提倡师生民主交流式的教育模式，师生平等交流，学生畅所欲言，教师对学生思想中的"闪光点"及时肯定，对不妥之处加以引导，这样，学生对学习活动兴趣盎然则是必然的。

（5）强调主体性教育管理。把学生只当作管理的客体，而凭教育者的主观愿望用各种"清规戒律"来约束限制学生的"独裁"式的管理模式必须被抛弃，代之以学生民主参与式的管理模式。在这种模式中，教育要求由师生共同制定，主要强调学生自觉遵守，形成守纪光荣的舆论氛围。这样不仅培养了学生的主体性人格，而且提高了管理效率和教育效果。

2. 实施创新教育

重复性劳动往往是枯燥乏味的，反之，创新性工作将使人产生巨大的成功感和满足感，这种成功感和满足感又成为人们投身创新活动的巨大动力，这样就形成了"创新-成功和满足-创新"的良性循环。在这种良性循环中,人们投入的时间和精力再多,也不会有负担过重之感。因此,实施创新教育有利于学生"减负",特别是有利于减轻学生沉重的心理负担。应从以下几个方面实施创新教育。

(1) 采用"学创结合"的教学方法。"学创结合"是创新教育的基本形式。学习有了创新才能提高其价值,创新有了学习才能获得结果;学习中有创新,创新中有学习,在学习中创新,在创新中学习,它们是相互依存的关系。

(2) 采纳"创新性"教学过程模式。这种模式主要体现在教师角色的转变、学生地位的转变、媒体地位的转变等方面,特别强调的是由教师讲授说明的过程转变为通过情景创新、问题研究、协作学习、意义构建等以学生为主体的过程,由此达到培养学生意识和创新能力的目的。

(3) 设置"创新性"课程和培养"创新性"教师。现行的全国统一的学校课程中的"创新性"受到很大限制,因此各个学校可以根据自己的实际情况灵活多样地设置专门的"创新性"课程,以便更充分地实施创新教育。另外,创新教育呼唤创新性教师,创新性教师是创新教育的关键。因此,各个学校要注重培养创新性教师。例如,江苏省专门把"开发教师创造力"作为一个研究课题,他们把构建教师创新体系、加强教师培训、合理配置教师、课程中教师创新能力的发挥和教师的现代教育技术等作为研究内容;马鞍山市把"教师创新能力的培养"作为重点;四川省通过班集体建设来培养教师创新能力等。

3. 注重成功教育

一个人在某项活动中经常获得成功,时常体验成功的快乐,那么这项活动对他必将具有永久的魅力。正如教育家布鲁纳所言,要使学生在学习过程中所获得的好处(成功)远远大于它所招致的危险(失败),学习兴趣和动机才能长久。因此,实施"成功教育"是缓解学生心理负担过重的重要措施之一。为此,学校和教师应注重树立"在全面发展的基础上学有特色、各有专长"的教育目标。我们的教育目标应强调两个方面:一是全面发展,二是学有特色各有专长。全面发展是指学生在德、智、体、美诸方面达到培养目标所提出的基本要求，学有特色各有专长是指充分挖掘每个学生的潜能，让它们充分"燃烧"，造就各类专门人才。长期以来，我们基本上否定了后者，致使学校和教师对"好学生"的评价标准单一。因此，我们应特别强调发现每个学生的专长和潜能，并积极创造条件发展学生潜在的能力，这就意味着几乎每个学生都有成功的机会，都会体验到成功的快乐，因为人总是有潜能的，只是内容和程度不同而已。

· 名言警句 ·

- 知之者不如好之者，好之者不如乐之者。
- 兴趣是最好的老师。
- 学习的最大动力乃是对所学材料的兴趣。
- 兴趣是生长中的能力的信号和象征。兴趣显示着最初出现的能力。因此，经常而细心地观察儿童的兴趣，对于教育者是最重要的。
- 热烈的学习愿望、明确的学习目的，是学生学习活动最重要的动因。培养这种愿望的工作，是跟学校的全部教学和教育工作的安排紧密联系的，并且首先是在课堂教学中实现的。
- 所用的培养方法应该能够引起内在快乐的活动；不是因为能够得到外来奖励而快乐，而是因为它本身有益健康。
- 所有教育和教学不能逃避支配人类活动的重要规律，那就是兴趣。如果学习使人有兴趣，就必须能满足某种欲望。如果学习者乐于做出努力和拿出其全部力量，那么目的就必须是明确的，结果也必须是值得通过努力取得的。

（二）学习兴趣、动机的自我培养和激发

学习兴趣是对一定事物所持有积极探寻的认知倾向，是引起和维持注意集中的重要因素，也是学习动机中最现实、最活跃的组成部分。有强烈的学习兴趣才会全身心地投入到学习之中。

培养学习兴趣的关键，在于找到自己的优势，对所学的知识抱有积极进取的态度，并不断强化。你可以努力去发现某一学科的兴趣点，并通过对兴趣点

的研讨，进一步强化对这一学科的兴趣；也要注意发现他人的学习兴趣，从中借鉴，以此来培养自己的兴趣；兴趣太广泛的人，还要注意使个人兴趣与个人能力、精力相适应，把兴趣稳定在力所能及的学习对象上。

学习动机是指推动学习活动不断强化和发展的力量，是激发学生将学习活动朝着一定的学习目标前进的动机和倾向。学习动机主要分为内部动机和外部动机。

内部动机主要来自内部动力的驱使。包括认知的驱力，即发自内心的认识需要，最早由兴趣和好奇心驱使，之后由不断探索的欲望和倾向支配，它是最为重要的学习者自发的内在学习动机；兴趣的驱力，即学习动力源于个人感兴趣的知识和事物；成功的驱力，即发自内心的成就需要和成功欲望，是把学习任务当作赢得地位和自尊的手段；情感的驱力，即为自尊、亲情、友谊而努力学习。

外部动机主要来自外部动力的吸引。包括：受教育者诱因吸引，如受教师深入浅出、引人入胜、幽默风趣的教学方式的吸引，或出于对教师才学人品的敬仰等；受目标诱因吸引，如受到奖学金、毕业证、考研、出国等目标的吸引而努力学习或避免因考试失败而受到惩罚等。

由此可见，学习动机对学习活动的作用：一是直接引发学习行为，让个体处于驱动状态，促使个体投入学习活动；二是维持和加强学习行为；三是指导学习行为引向某一特定目标。

目前，一些大学生在学习上存在的主要问题是目标不够明确，对学习不感兴趣，求知欲望不强，行为上懒惰涣散等，这都是学习动力缺乏、学习动机不强的表现。因此，解决这些问题的关键是激发学习动机，从而激活自身的学习动力。

强调激发学习动机，并不是说学习动机越强，学习效果就越好，有时强度过高的学习动机对学习效率也会产生负面作用。因为，在动机过分强烈的情况下，个体的注意力与知觉范围变得狭窄，限制了正常的学习活动，降低了思考效率。一般来说，动机强度居中为最佳水平。研究发现，学习动机的最佳水平与学习的难易程度有关。对于比较容易的课程，学习效率随动机强度提高而上升；对于比较困难的课程，学习效率随动机强度的提高而下降。

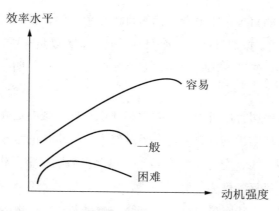

图 3-1　不同难度课程动机强度与学习效率的关系

二、目标策略

没有目标就没有方向，也就难以步入成功的殿堂。如果让你向前走 10 米，或是向后走 10 米，你都非常容易完成任务，可是假如我只是让你走、不停止地走，没有方向地走，就会有一种焦虑的心情。人生不能没有目标，失去了目标就失去了前进的动力。大学绝不是人生的终极目标，它只是年轻人在步入社会前的一个重要的准备阶段。不论知识的储备、人生观的形成、人格的塑造、身体的成长等，都是为了朝着设定的目标前进。在人生的征途上实现了一个奋斗目标后，必须及时确定下一个目标，才能使自己有新的前进动力。那些进入大学后能及时确立新目标的同学，学习热情不减，生活充实，朝气蓬勃。因此，每名大学新生都应重新审视自己未来的人生之路，建立合理的奋斗目标。许多大学生的适应困难都源自个人目标的缺失。因此，我们只有重新制定目标，才能迅速适应环境，促进自身发展。

确立目标要符合社会和时代的需要。当代大学生应具有"基础型、复合型、国际化"的基本素质；在知识追求上，应朝多个方向伸展，讲求知识的广度、高度和深度；在学习的方法和内容上，应采取课内与课外相结合，自学和辅导相结合，人文与理工相结合。

建立目标要有层次，有主次，既有总目标，又有阶段目标。阶段目标按时间划分又可分为长、中、短期目标。长期目标是指事业成就和人生信仰。中期目标是一个时期的目标，如中学时代的目标是考大学，那么大学期间的目标可以是考研、出国等。短期目标是一个具体的计划，可以是一周或一个月的计划，要完成哪些任务、怎样安排时间等。无论长期目标还是中期、短期目标都要注意以下几点。

首先，目标要切合自身条件、能力和环境条件。既不是高不可攀的，也不是毫不费力就可以实现的，而要定在经过努力可以实现的水平上；既要敢想敢做，又不能搞假、大、空，使目标确实对自己有激励和督促作用。

其次，保证目标的严肃性和灵活性。定了目标就要锲而不舍地努力奋斗，有志者，事竟成。但目标在实行中不可能一帆风顺，目标也会出现某些漏洞和不足。这时，就要适时加以调整、充实和完善，使之更符合实际，保持目标的前瞻性和可行性。

最后，制定目标时可按程度列出多个目标。可把目标分成"一定要完成的""尽力要完成的""可能要完成的"三个层次；也可以分阶段设计大学四年的目标，明确不同时期需要完成的任务。例如，大一要积极参加社团活动，培养自己各方面的能力；大二、大三侧重学业，将专业知识学扎实；大四准备考研或实习准备找工作。

·名言警句·

- 目标的坚定是性格中最必要的力量源泉之一，也是成功的利器之一。
- 如果你想要快乐，设定一个目标，这个目标要能指挥你的思想，释放你的能量，激发你的希望。
- 设立目标，实现目标，再设立新的目标。这就是成功最快速的方法。
- 目标渺小则成就渺小；目标远大则成就伟大。
- 有了长远的目标，才不会因为暂时的挫折而沮丧。
- 要达成伟大的成就，最重要的秘诀在于确定你的目标，然后开始干，采取行动，朝着目标前进。
- 所有成功人士都有目标。如果一个人不知道他想去哪里，不知道他想成为什么样的人、想做什么样的事，他就不会成功。

- 崇高的目标造就崇高的品格，伟大的志向造就伟大的心灵。

三、能力策略

学习能力是取得良好学习效果，提高学习效率的重要条件之一。从不同视角考察，学习能力可有不同结构，从教学环节看，学习能力包括预习能力、听课能力、作业能力、复习能力、考试能力等；从心理过程看，学习能力包括认知能力、情绪感知能力和意志能力等；从认知角度看，学习能力包括注意力、感知能力、记忆能力、思维能力和想象能力等。下面，我们从认知角度，探讨提高大学生学习能力的策略。

（一）注意力的培养

不少大学生都曾遇到过这样令人苦恼的事情：看书时头脑中会冒出许多与书本无关的东西，精力不够集中，学习效率就低。这就是注意力低下的一种表现，需要通过科学的培养和训练加以调适。

·案例·

某大三工科女生，进入大学后对自己所学专业极度排斥，上课很难集中注意力，总是消极回避。对应用计算机一点都不感兴趣，认为"电脑是冷冰冰的东西，没有人聪明"。不喜欢动手操作、不喜欢动脑编程，只凭借长时间地机械记忆学习。计算机专业课成绩均在60分左右。自述情绪上总是很消沉，几乎没有振奋的时候。对什么都不感兴趣，自己想明年报考研究生，又对现状担忧。

通过帮助她回忆以往学习经历并分析现状，找出导致这种状况的根本原因是对专业学习缺乏兴趣，直接原因是她在入学后第一次上专业课时不愉快的经历所引发的消极情绪逐步延续，产生对学习的错误认识。具体分析见图3-2。

良好的学习行为依赖于良好的情绪体验伴随的积极合理的认知观念。当一个人对某一事物抱有积极的态度，并从中体验到愉悦情绪时，就是对这一事物产生了兴趣，就会积极地使自己的各种心理活动（尤其是注意）指向这种事物。

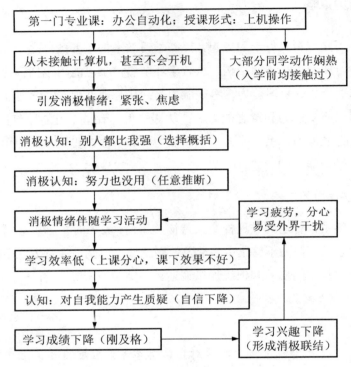

图 3-2 对案例的具体分析

注意力是心理活动对一定对象的指向和集中。注意具有三种功能：选择功能、保持功能和调节监督功能。当三种功能同时发挥作用时，个体的注意力是最集中的。其中调节和监督是注意的最重要的功能，它控制心理活动朝着一定方向和目标进行，排除、抑制来自内外部的干扰，保证个体的心理活动指向并集中在应注意的对象上，直至达到目的为止。

缓解或消除注意力低下，可以从以下几方面入手：

1. 注重培养浓厚的学习兴趣

对学习产生浓厚兴趣，就会在大脑皮层形成优势兴奋中心，使注意力高度集中。所以，培养学习兴趣是解决注意力不集中的关键所在，有了兴趣，学习才会有积极性、自觉性、主动性，使个体处于注意力高度集中的良好状态。

2. 调整心态并养成良好习惯

心有所虑便难以集中注意力，上述案例就证明了这点。在学习时只有心情放松，无所顾虑，才能专心。为此，如果在学习时遇到没有处理完的杂事，把它记在备忘录上并列出计划，心理上就会感到轻松；要学会排除干扰，在学习中经常"自我提问"进行积极思考，会保持高度注意；学会积极暗示，"走神"时用自我暗示把自己拉回来，保持注意力的稳定。

（二）观察力的培养

1. 观察与观察力

观察（observation）是一种受思维影响的有意的、主动的和系统的视知觉活动。观察不是消极地注视，而是伴有积极的思维活动，是一种"思维的知觉"。由观察获得的知觉映像比一般知觉更鲜明、更细致、更完整。

观察力（observational ability）是智力的重要组成部分之一，是一种有意识、有目的、有组织的知觉能力。它不只是单纯知觉问题，而是包含着理解、思考、有目的、有计划的知觉。它是人类多种感知觉的综合。观察力存在个体差异，表现在类型、能动性、深刻性、反应性等方面的差异，如有人属于主动观察型，有人属于被动观察型等，这些差异与个体的先天素质和后天实践活动及培养都有密切关系。

2. 观察力与感知觉的关系

观察力的发展和感知觉能力的发展密切相关，感知觉有缺陷的人无法进行完整细致的观察，例如盲人无法对花草的颜色、形状进行观察，而时空知觉有缺陷的人也无法准确地记录事物发展的过程。从这个意义上讲，观察力的培养以感知觉发展为前提。同时，感知觉的发展和观察力的培养都离不开个体的生活经验和实践能力。

3. 观察力的意义

巴甫洛夫从长期的科学研究中总结出一条重要的经验就是"观察，观察，再观察",充分肯定了观察在科研活动中的重要性。

(1) 观察是人们认识世界的窗口,是获得知识的门户,是人类文化积累的重要途径之一。一切科学实验的新发现,都是建立在周密、精确、系统的观察基础之上,人们通过观察发现了季节变化的规律,发现了农作物的生长规律,发现了许多现实存在但尚未发掘的客观规律。孟德尔在对植物育种实验进行仔细观察和思考的基础上,推导出著名的遗传学定律,对生物学的发展产生了深远的影响。可以说,观察是人们获得知识提高认识的有效途径。

(2) 观察是人们区分事物的一般特征,发现事物的本质特征,提出新问题,进行创造性活动的一个重要条件。

(3) 良好的观察力是进行各种实践活动不可缺少的基本能力。良好的观察力能使教师在教育活动中全面把握教学的各个环节;使研究人员看到研究领域的突破口;使企业家透过大量的商品信息,准确预测市场,制定出最佳的生产计划和推销方案;使政治家明察秋毫,从现象中看到本质,掌握社会发展的脉搏。此外,医生、工人、警察、演员、音乐家、画家等都需要良好的观察力。

4. 培养观察力的方法

(1) 激发好奇心。

· 伽利略与等时性原理 ·

一天,伽利略坐在教室里,看到一盏灯悬挂在绳子上。他正在注意这盏灯时,一个孩子走了过来,把灯点亮了。等孩子走后,灯还在来回摆动。这原是一件平常的事,但伽利略却感到好奇:"真奇怪!怎么每次摆动的时间都一样?"他走上去故意推一下灯,再仔细观察。开始灯摆动的幅度很大,后来逐渐变小,但摆动的幅度不论大小,所需要的时间都相同。为了肯定自己的观察,伽利略一边数着自己的脉搏,一边观察灯的摆动。真的,每次摆动所需的时间完全相同!回家后,伽利略找来两根同样长的绳索,每根绳子坠上一块相同重量的铅块,然后分别将两条绳头系在房子的横梁上,构成两个铅摆。再手拿两个铅摆,将一个拉到垂直直线四手掌宽的位置;另一个拉到两手掌宽的位置,同时松手。结果发现,两根绳索的起点不相同,但在同样的时间内摆动的次数却是一样的。

就这样，伽利略终于发现了"等时性原理"。

这个例子表明，好奇促使伽利略对"灯摆"细心观察，加之强烈的探索精神，总以不寻常的态度和方法去审视常人所不注意的事物等。可见，观察在一定程度上受好奇心驱使。在日常生活中，只要我们善于观察，善于问为什么，也许我们也会有所发现。

（2）运用回忆法。达·芬奇曾让学生先注意某个物体，然后闭眼回想它的所有细节，之后重新观察这个物体，检查头脑中的表象有多少和原物相符，有多少不。这个练习，简便易行。如果有几个人一起互相问答，切磋琢磨，效果更好。

（3）运用程序法。程序法是指按一定顺序观察。有人做过一个试验，将被试分成甲、乙两组观察一只小乌龟。甲组不做任何提示，然后让他们描述，结果只能说出四条腿、一个硬壳、脖子能伸缩等粗略的特征，不细致，也不准确。乙组则给出提示让他们按头、躯干、四脚、正反面的顺序进行观察，结果大不相同，单是头部就能按顺序说出：头呈三角形、眼睛黑亮像一粒米大小、鼻孔细小像两个小针眼、嘴紧闭着像一条线一样……这种顺序，可按空间部位的不同，排出观察者或被观察物体的观察顺序，也可以按时间来说，排出时间先后或情况变化的顺序。

（4）做记录。记录有利于收集和整理，也能促进观察得更细致和准确，同时表达能力也得到训练。具体方法很多，可以灵活掌握，如做卡片、写摘要、记日记、整理分析材料等。

（5）确立观察目的。对一个事物进行观察时，要明确观察什么，怎样观察，达到什么目的，做到有的放矢，这样才能把观察的注意力集中到事物的主要方面，以抓住其本质特征。目的性是观察力最显著的特点，有目的观察才会对自己的观察提出要求，获得一定深度和广度的锻炼。反之如果东张西望，左顾右盼，对事物熟视无睹，观察力就得不到锻炼。

（6）掌握丰富的知识经验。知识经验和良好的观察是辩证统一、互为因果的。一方面，良好的观察力是我们获得丰富知识和经验的前提条件；另一方面，丰富的知识和经验又是我们提高观察力的重要因素。一个人的观察力总是与自己已有的知识经验联系在一起的。因此，在观察过程中，我们必须充分利用自己已有的知识和经验，这不仅有利于观察的顺利进行，同时也有利于观察力的不断提高。

（三）记忆力的培养

记忆是个体有效识记、保持和提取信息的能力。记忆力是智力的重要组成部分，可以从以下四个方面评价一个人记忆力的优劣。①记忆的敏捷性。记忆的敏捷性是指识记速度方面的特征。一般是以在一定时间内能记住材料的数量多少来衡量。②记忆的持久性。记忆的持久性指识记内容保持时间的长短。记忆的持久性并非与记忆敏捷性完全正相关。③记忆的准确性。记忆的准确性是指对记忆内容的识记、保持和提取时是否准确的特征。④记忆的准备性。记忆的准备性是指在对记忆内容的提取、应用时所反映出来的特征。以上四点在每个人身上有不同的组合。有的人记得快，忘得也快；有的人记得慢，忘得也慢。只有当一个人四方面都得到很好的发展，即记得快、牢、准、活，才可以说这个人有良好的记忆力。

记忆是学习的基础，是掌握知识的先决条件。记忆是通过识记、保持、再现（再认、回忆）等方式，在人们的头脑中积累和保存个体经验的心理过程。记忆可以将人们感知到的事物、体验过的情绪或从事过的活动保存在人们的头脑中，并在一定条件下被回忆出来。

记忆与学习密不可分。学习的过程实际上就是获得经验和积累经验的过程，而在这个过程中，记忆作为保存这些经验的重要手段之一，对学习起着十分重要的作用。可以说，记忆过程中的识记、保持与再现，实际上就是学习的不同阶段或不同方面。提高记忆力的有效策略有以下几个方面。

1. 有效识记的策略

科学识记，不仅有助于提高记忆效果，而且能发展人的记忆能力。

（1）增强识记的目的性。明确的识记目的和任务能激发人的识记动机，增强识记自觉性、主动性，使人们对材料的识记更加清晰、准确、全面。

（2）提高对识记材料的理解水平。实验表明，以理解为基础的识记效果优于机械识记。因此，在识记过程中，要加强对材料内涵的理解。对于有意义的材料，要设法弄懂、弄透；对于无意义材料，要设法建立"人为"的意义性联系，增强识记效果。另一方面，要对识记材料进行深加工，人们对所学内容的识记依赖于对材料的再加工和重新组织。在一项实验中，研究者把被试分为两组，要求第一组被试记住一些具有"主谓宾"结构的简单句子，第二组被试使用句子中的主语和宾语另造句子，然后进行记忆。检查时只给两组被试提示主语，要求他们回忆宾语。结果第一组的回忆率为29%，第二组的回忆率为58%。可见，按照自己的知识结构对识记内容进行重新加工、组织，可以提高识记效果。

（3）感觉系统协同活动。感觉系统协同活动可以提高记忆效果。心理学研究表明，单纯依靠听觉识记，可记住材料的25%；单纯依靠视觉识记，可记住材料的25%；视听结合，可记住材料的65%；如果动手操作使识记材料成为活动的对象，可记住材料的90%。

2. 有效复习的策略

识记材料能否得到有效保持和提取，取决于复习的策略，有效复习是提高记忆效果的关键。

（1）及时复习。根据艾宾浩斯遗忘曲线，遗忘的进程是先快后慢的。因此对新学习的材料的复习必须及时。一般认为，在学习后的6小时、1天、3天、1周、1月各复习一次效果较好。

（2）集中复习与分散复习相结合。一般来说，分散复习的效果优于集中复习，但也不完全是这样，要看具体情况。比较容易的、感兴趣的、有强烈动机的材料，集中复习效果好些；反之，较难的、无意义的、枯燥的材料，分散复习效果好些。分散复习的时间间隔一般开始时短些，以后随着巩固程度的提高，间隔逐渐加长。

（3）复述。复述是人们对学习内容按照自己的经验和语言特点进行重新组织表达的过程。它是对学习材料的再现，是对学习内容的强化。复述有两种水平：一是单纯重复，即按照材料原样复述；二是加工后的复述，即在保持原材料意义的前提下，运用自己的语言对材料进行表达。一般来说，经过加工后的材料，更易于保持和提取。

(4) 采用多样化复习形式。复习形式单调，容易产生消极情绪和疲劳，不利于学习者把学习材料很好地纳入已有的知识结构中。采用多样化的复习形式，如编写提纲、列表、同学间相互提问等，都可以提高复习效果。

3. 有效提取的策略

(1) 运用联想。由一事物想到另一事物的心理活动叫联想，联想有接近联想、相似联想、对比联想、因果联想。运用联想，在回忆某一事物时，就会连带地回忆起其他有关事物。

(2) 双重提取法。回忆过程中，借助表象和词语双重线索，可以提高回忆的完整性和准确性。因此我们在记忆英语单词时，一边读出音来，一边想象其形象，就会有助于提取。

(3) 利用线索。在回忆比较复杂的材料时，呈现与回忆内容有关的上下文线索，将有助于材料的迅速恢复。线索可以看成是提取过程的启动器，促进提取过程的展开。线索可以是外部的，如某种视觉刺激或某人的谈话；也可以是内部的，如饥饿感使人想起还没有吃早饭。出现在提取开始阶段的线索可以被加工，产生进一步的线索，线索直接影响提取的速度和效果。

(4) 克服干扰。在回忆过程中，经常会发生提取信息的困难，这可能是由于干扰所引起的。如在考试中，明明背过的答案想不起来，这主要是干扰造成的，克服这种干扰的简便办法就是暂时停止回忆，经过一段时间后，要回忆的内容便可能恢复。

(四) 创造思维能力的培养

创造 (creativity) 是给社会产生有价值的新成果的活动，人类的文明史实质是创造的历史。创造力 (creativity ingenuity) 是人类特有的一种综合性本领。一个人是否具有创造力，是一流人才和一般人才的分水岭。它是知识、智力、能力及优良的个性品质等复杂多因素综合优化构成的。创造力是指产生新思想，发现和产生新事物的能力。它是成功地完成某种创造性活动所必需的心理品质。例如创造新概念，新理论，更新技术，发明新设备，新方法，创作新作品都是创造力的表现。创造力是一系列连续的、复杂的、高水平的心理活动。它要求人的全部体力和智力的高度紧张，以及创造性思维在最高水平上进行。

对于创造力的研究日趋受到重视,由于侧重点不同,出现两种倾向,一是不把创造力看作一种能力,认为它是一种或多种心理过程,从而创造出新颖和有价值的东西,二是认为它不是一种过程,而是一种产物。一般认为它既是一种能力,又是一种复杂的心理过程和新颖的产物。

创造性思维是指个人在已有理论知识和实践经验的基础上,以新颖独特的方法进行思维的活动。创造性思维是创造活动的核心,是一种求新的、无序的、立体的思维。它具有敏锐性、整合性、灵活性和求异性。创造是人类进步的阶梯,尤其在当代知识经济社会中,创新的意义更加重大,"世界上所有美好的事物都是创造力的果实"。作为当代大学生,未来国家建设的栋梁,努力培养创造性思维,成为创造型人才,责无旁贷。可注重从以下几个方面培养创造性思维。

1. 努力丰富知识,建立合理知识结构

我们今天所提倡的创造,是指在全人类已有成就基础上所做出的创造。没有良好的知识基础,创造就成为无源之水,无本之木。只有大量获取信息,努力丰富知识,才能思路开阔,思维敏捷,容易产生新的观点和见解。因此,必须构建自己完善的知识结构,包括具有扎实的基础知识、深厚的文化底蕴,并及时汲取各类最新知识,才能为创造打牢知识根基。

2. 善于提出问题,敢于发表不同意见

创造性思维既是直觉思维与分析思维的结合,又是发散思维与聚合思维的结合,还是抽象思维与逻辑思维的结合,同时又离不开创造性想象。要使自己的创造思维得到发展,就要有强烈的好奇心和广泛的兴趣,对所学知识多思考、深钻研,学会发现问题,敢于提出问题。要学会对知识分类归纳,通过综合归类,不断产生新的观点。要积极参加各种研讨活动,在课堂上积极动脑思考,实验中积极动手操作,讨论中敢于发表自己的见解,从中培养创造思维的敏锐性。

3. 勤于刻苦钻研,善于及时捕捉灵感

灵感是指创造活动过程中出现的,由疑难转化为顿悟的一种特殊心理状态。它具有突如其来、不由自主的特点，是意识由量变到质变的结果。数学家高斯在谈到灵感时说："像闪电一样，谜一下解开了，我自己也说不清楚是什么导线把我原先的知识和使我成功的东西连了起来。"从表面看，灵感也许来自瞬间的智慧之光，但这一瞬间的来临，却是创造者无数次对生活的观察、思索、实践与失败的结晶。灵感的出现，需要深厚的知识功底，只有在人们反复运用知识并转化为能力时，所学知识才能适应更大范围，在瞬间产生灵感。

4. 发挥想象力，注重培养发散思维

想象是认识世界的重要手段，是进行创造思维的必要条件。发散思维是根据已有信息，从不同方向思考，产生多种答案的一种思维方式。它具有流畅性、变通性、独特性的特征，是培养创造思维的基础。大学生可以通过"头脑风暴"，在学习过程中加强发散思维训练，注重从多角度、多方向思考问题，通过发散思维的培养来提高创造思维的能力。

（五）创造想象力的培养

不依据现成的描述，而在头脑里独立地创造新形象的过程叫创造想象。科学研究上的设计和创见，生产工具与产品的改进与发明，文学家、艺术家关于艺术形象的塑造与构思，都是典型的创造想象。例如鲁迅先生写《阿Q正传》，就是把在旧社会受压迫、受剥削的下层人民的形象和由于残酷的生活折磨以及封建思想的毒害形成的与劳动人民品质相矛盾的精神特质，以及愚昧、麻木的心理状态融合起来创造出的一个典型。

创造想象具有首创性、独立性和新颖性的特点，这就需要对已有的感性材料进行深入的分析与综合，因此创造想象要更复杂、更困难。鲁迅创造出来的"阿Q"形象，是一个具有独特性的新形象，它需要创造性的构思，并以此为依据，选取材料，进行深入的分析与综合，才能创造出来。

创造想象对人类生活实践具有极为重要的意义，它是创造活动的一个重要因素。一切科学发现、技术革新、文艺创作，都不能离开创造想象。小学生学习，也需要有创造想象，儿童在写儿歌、画图画、做游戏，以致解答数学应用题等，没有创造想象的参与也是不可能顺利完成的。马克思主义经典作家是非常重视创造想象的作用的。马克思曾说过："想象力，这个十分强烈地促进人类发展的伟大天赋，这时候（指历史上人类的野蛮时代的低级阶段）已经开始创造了不是用文字来记载的神话、传奇和传说的文学，并给予人类以强大的影响。"

创造想象是创造过程必不可少的核心因素。爱因斯坦说："想象力比知识重要。因为知识是有限的，而想象力概括着世界的一切，推动着进步——严格地说，想象力是科学研究中的实在因素。"文艺批评家别林斯基说："在诗中，想象是主要的活动力量，创造过程只有通过想象才能完成。"很难设想一个想象力枯竭的人，能有什么创造。

创造想象产生的条件有原型启发、积极思维、努力钻研等，所以，大学生的创造想象力的培养也须从这几方面进行。

1. 善用原型启发

创造想象往往是受到类似事物的启发，通过联想把旧有表象结合起来，或把旧有表象典型化而产生新形象的过程。它是从其他事物中得到解决问题的启示，从而找到解决问题途径的过程。起了启发作用的事物，叫作原型。任何事物都可能有启发作用，都可能成为原型。如自然景物、日常用品、机器部件、设计图、示意图、文字描述、口头提问、人物行为、技巧动作等都可以成为对人有启发作用的原型。原型启发的事例，在各种创造发明的历史中是屡见不鲜的。例如，我国古代的木工巨匠鲁班，是因为被茅草割破了手而得到启示，才发明了锯子；阿基米德是从洗澡时洗澡水溢出盆外现象而得到启示，才发现了阿基米德原理；1764年英国纺织工人哈格里沃斯在无意中碰翻了纺车，从而得到启示，发明了比横锭纺车工效高出8倍的竖锭纺车；1865年，德国化学家弗里德利希·凯库勒由于梦境的启发，提出了碳氢化合物苯（C_6H_6）的结构是六边环形的设想（后来在实验中得到了证实）。这说明许多事物都成了有启发作用的原型。一个事物能否有原型启发作用，不仅决定于这一事物本身的特点，与创造者的主观状态也是大有关系的。

2. 积极思维

创造想象有赖于人的思维的积极活动。它不是一般的想象，而是一种严格的构思过程，它是受思维活动的控制、调节和支配的。

创造想象是任何创造活动所必须具备的重要心理因素。一个科学工作者如果缺乏创造想象，他可能大量地积累资料，但他不能走出已有事实的圈子。也不能有所突破，当然也就发现不了自然界和社会生活的新规律，不能成为科学发展中新事物的创造者。在创造新形象的过程中，实际上也是不断地提出问题，并通过积极的思维活动不断地解决问题的过程。只有通过积极、正确的思维活动，创造想象才能沿着正确的方向顺利进行，它的产物才会符合现实的要求，才会更有社会价值。例如李时珍写《本草纲目》用了27年时间；马克思写《资本论》用了40年时间；爱因斯坦创立"相对论"用了20年时间……这说明在进行创造想象的过程中，也是一个艰苦地积极思维过程。因为创造想象只是创造过程中，整个心理活动的一个组成部分，思维、抽象思维自始至终都是作为起支配作用的活动而参与其中。

3. 执着追求

在创造想象进行过程中，创造性的新形象的产生往往带有突然性，人们把这种突然出现新形象的状态称为"灵感"。灵感是人的全部精神力量，高度积极性的集中表现。它同人的创新动机和对解决任务的方法的执着追求和不断寻觅与探求直接联系着。在灵感状态下，人的注意力完全集中在创造活动的对象上，正因为注意力高度集中，意识处于干分清晰和敏锐的情况。这时候，人的思维活动极为活跃，工作效率可以达到高度水平。

灵感虽然具有突然性，但它是人们经历了长期艰苦劳动，对事物做了长期观察，积累了丰富的经验，并且经过反复酝酿构思才出现的。正如爱迪生所说的："天才，就是百分之一的灵感加百分之九十九的努力。"柴可夫斯基也说过："灵感不喜欢拜访懒惰的客人。"他们都精辟地说明了执着追求才是灵感出现的根本原因。

综上所述，在学习活动中，学习兴趣、学习动机、学习目标、学习能力等这些心理因素"各司其职"，发挥着不同的作用，兴趣是喜欢不喜欢问题，动机是想不想的问题，目标是方向问题，能力是会不会的问题，同时，它们相互关联不可分割地联系在一起，共同制约着学习活动。因此，必须引导大学生提高学习的整体心理素质。

第四章

人 际 交 往

在人类社会中，人际交往是重要的社会活动。人际交往是指我们在某一段时间里与某些人互动的信息交流。人际交往是人类进化过程中为了生存、为了适应群体合作的方式而产生的，因此带有明显的社会性。人际交往的社会性还表现在人类使用在劳动中发展起来的语言进行交往。除了语言，人们还可以利用面部表情、手势、姿态、声调等辅助交往。

人际交往涉及的范围很广，亲人之间、朋友之间、同学之间、熟人之间，甚至陌生人之间都可能存在不同程度的交往。人际交往有各种各样的形式和丰富的内容。交往一般包括以下几个要素：第一，具有两个或两个以上的人；第二，具有某种交往动机，任何交往活动都是由动机推动的，交往动机表现为预期的目的、愿望、要求、兴趣等；第三，具有一定程度的相互认知；第四，会产生喜欢或厌恶等情绪倾向。

人际交往是当代大学生的迫切需要。大学生渴求交往，希望建立和谐的人际关系。大学生正处于自我意识迅速发展的时期。随着自我意识的迅速发展，大学生的"自我"形象逐渐清晰起来。尤其是刚刚步入大学的新生，离开了家乡、父母及中学时代的好友，既缺乏独立生活的经验，又缺少为人处世的经验和能力，他们特别需要友情的温暖，需要与人交往，希望通过交往获得同伴的接受、认可、尊重和信任，能将内心的烦恼一吐为快，能推心置腹交流情感，得到理解和帮助。对于高年级大学生来说，他们即将毕业走向社会，更常想到的是将来如何适应复杂的社会，如何处理复杂的人际关系。重视人际交往，掌握交往技巧，积累交往经验，不仅是大学生现实生活的需要，也是大学生成功走向社会的需要。

第一节　人际交往的意义

一、人际交往促进大学生心身健康

一个人如果不与他人交往，封闭自己的情绪，时间长了可能会产生孤独感。这种孤独感的产生是因为喜、怒、哀、乐等情绪无处交流，缺少精神上的安慰和感情上的共鸣，导致心理缺乏安全感与归属感。孤独、不合群的人常常会有更多的烦恼和苦闷，要消除这些痛苦和矛盾，就应当与人交往，多交知心朋友。人际交往的质量越好，精神生活往往就越丰富、越愉快。一个人从小到大，不能缺少人际交往活动。在大学期间，通过与同学来往，敞开心扉与人交流，快乐有与人分享，痛苦有同学分担，有困难大家来帮，同学之间互相理解和关心。如果缺乏交往，没有同学和朋友的帮助，烦恼和苦闷无处倾诉，会带来消极的情绪，使人的心理承受能力下降。

与人交往是人类的内在需要，通过正常的人际交往、沟通，可以获得大量、丰富的社会刺激，获得正确合理的社会经验，同时获得生活学习的知心朋友，获得困难时的支持帮助者；而缺乏交往会使人无法满足依恋感，内心苦闷无法宣泄、排除，对心理健康是有害的。

心理健康者通常具有良好的人际交往环境和对象；而心理不健康者，则通常缺乏足够的人际交往，他们的内心是封闭的，没有合理的应对问题的方法和足够的社会支持。心理健康离不开良好的人际关系，生活在社会群体中的个体有归属、爱与被爱的需要，良好的人际关系能充实个人的生活内容，提高生活品质。良好的人际关系可以丰富人的精神生活，在面对困难时，就会获得更多的支持。

良好的心理状态必然对个体的生理产生积极的影响；反之，心理障碍或疾病必然会影响身体健康，对身体造成生理损害。因此，人际交往是心理健康和身体健康的基本保证。

二、人际交往帮助大学生完善自我

认识自我、发展自我、完善自我，是青年期最重要的心理过程，以铜为镜，可正衣冠；以史为镜，可知兴衰；以人为镜，可明得失。成功与人交往便可拥有这样一面镜子。

处于青年期的大学生，由于文化层次较高，心理需要更迫切。在人际交往中，大学生通过与他人相处，与他人比较，通过他人对自己的评价，看到自己的价值和力量，了解自己的优点和缺点，从而正确地认识今天的"我"，科学地确立明天的"我"。

大学生在生理上进入机能最旺盛、最具活力的时期，心理上处于智力发展的高峰，自我意识迅速增强；在社会化方面的投入和参与意识也大大增强，迫切要求发展个性，能够比较自觉地接受社会化。所有这些都需要在人际交往过程中来实现，而实现的过程同时也是心理保健的过程。从一定意义上来说，人际交往的最重要的功能就是心理保健，即提高大学生的社会适应能力和对生活的满意度，促进全面发展，实现自我完善。

三、人际交往可以促进大学生社会化

社会化过程是累积社会经验的过程。与人交往是个体认识自我的途径，通过与周围人比较来评价自己，从他人对自己的反应、态度和评价中，发现自己的长处和短处，在交往中找到认识自我的尺度，为自我的发展和完善创造有利条件。"听君一席话，胜读十年书""前车之辙，后车之鉴"说的就是这个道理。人际交往使个体在较短的时间里，以较少的代价获得积极的经验，减少消极体验。

人际交往是信息来源的主要途径，通过交往，积累社会生活经验，学习必需的知识、技能，从而自立于社会，取得社会认可。例如，在一个大型活动中，大家都推举你来做组织者、领导者，这就使你了解自己在这个群体里的地位和威信以及别人对你的评价，从而身心振奋，发掘出更大的潜力。在选举中，倘若你落选了，你会找自己与中选者的差距在哪里，了解大家对你的评价，明白自我发展的方向，使自己朝着全面完善的目标发展。

此外，人们可以从交往中获得知识和乐趣。在交往中，人们期望知识的互补，或者在交往中撞击出思想的火花，共同探索一个个未知的社会领域，共同实现社会化。

四、人际交往促进大学生学业、事业成功

随着改革开放和经济建设的发展，先进的科学知识不断出现。大学生如果想提高自己，了解更多的知识，取得事业成功，单纯依靠书本是远远不够的，一个人直接从书本上学到的知识毕竟是有限的。人际交往是获取知识的补充手段之一。曾有这样一个形象的比喻：如果你有一个苹果，我有一个苹果，彼此交换，每人只有一个苹果；如果你有一种思想，我有一种思想，彼此交换，我们每个人就有了两种思想。可以通过座谈会、交流会等形式，切磋学问，知识交流，交换思想。在与别人的交往中，要保持谦虚的态度，放下架子，不耻下问，常想着"三人行，必有我师"，虚心吸取别人工作、学习和生活中有意义、有价值的知识经验；学习他人成功的经验，吸取他人失败的教训；从他人那里学习更多的知识，填补自己的知识空白点。

第二节 大学生人际交往的问题与应对

一、莫狭隘，要宽容

· 案例 ·

某大学三年级女生自述：我现在学习、生活的兴趣下降了许多，什么事都不想做，这个假期回家，房间里弄得乱乱的，也懒得去整理，而且整天躲在家里，也不和以前的中学同学或朋友联系，有同学打电话找我，总是找理由推托，这些情况也引起了我妈妈的担心。

中学时在某直辖市一中读书，学习成绩、表现各方面都很优秀，虽然是家中独女，但父母并没有让我养成娇惯的脾气。

进入大学后，和几位来自农村的女生同居一宿舍，生活习惯和观念想法差异很大，自己的床、桌、用品屡被占用，洗衣粉总是用我的，多次提出要求也没有结果。和她们讨论问题，每次都会有矛盾，话不投机，很多建议说了等于没说，她们根本不改，而且她们的对话也很无聊，譬如谈论老师长相，甚至给

老师起外号，说某某老师长得太胖，像猪八戒，某女教师既丑又凶，是个母夜叉。我觉得这样的评头论足太庸俗了，也不愿和她们讨论。宿舍是个集体环境，但她们总是乱扔乱放东西，我也曾努力将宿舍环境整理干净，但她们似乎以为是我应该的，后来我也不主动做了，本来想用我的行动感染她们，但一点效果都没有。

就这样发展下去，和宿舍同学关系越来越疏远，每天都尽量想办法不回宿舍，但晚上总得回去睡觉，一回到宿舍就感到压抑，她们几个经常说说笑笑，我就一个人躲在一边一句话也不说。生活习惯上也变得脏乱起来，宿舍乱乱的也不管，连我自己的桌子、床都不整理了，东西尽量锁起来。本来课业任务很重，一天除了休息，几乎都在学习，时间一长，学习兴趣也下降了，再加上宿舍又乱，关系又不好，心情很压抑。

（一）案例分析

在大学生活中，宿舍关系是人际关系的一个重要组成部分，一般情况下，学习时间以外的大部分业余时间和休息时间都要在宿舍度过。因此，良好的宿舍氛围，不仅可以保证宿舍成员良好的情绪状态，也会促进彼此学习。因此，营造一个团结、健康、向上的宿舍小集体，对于每一位大学生都是极为重要的。就该同学的情况看，虽然她所处的家庭背景没有使她形成自我中心的倾向，但她显然缺乏集体生活的经验，这主要表现在：

第一，虽然她并不歧视室友，但在处理彼此生活习惯的差异上显示出缺乏经验和不够成熟。一方面不懂得"求同存异"在实际生活中如何运用，另一方面对不同生活背景下形成生活习惯的改变的长期性缺乏认知，因而显得急功近利，期望在短期内通过自己的建议或行为影响其他室友。

第二，对同学之间谈话的差异和想法上的不同，只看到话不投机的一面，而没有看到其积极的一面，因而对同学之间的交往沟通缺乏全面认知。

第三，面对宿舍同学谈话中的庸俗性内容，单纯地从自我正确的立场形成对立态度，缺乏调和矛盾的技巧。

由此可见，该同学的学习兴趣、交往兴趣下降主要是由其认知误区所致。

（二）案例应对

首先肯定她在处理宿舍同学关系上一些行为的正当性。如面对同学谈话中的庸俗性内容不随波逐流，而是坚持立场，希望用自己的行动来感染影响同学的努力等。

其次，重点结合具体事件，分析自我认识上的误区和片面性。例如，要认识到来自不同生活背景的同学之间生活上、想法上差异的客观性，尤其是行为表现一旦形成习惯，一般情况下短期内难以改变。如果想帮助同学朝积极的方面改变，必须树立长期观念，克服急功近利思想。同时，就具体的策略进行讨论。

结合具体事件的分析，启发她认知如何将"求同存异"的观念落实到生活实践中去，在尊重中存异，在宽容中求同。人际沟通，一方面是寻求互相认同，另一方面是在差异性观点和想法的交流中丰富自己的认识。

最后，在处理同学谈话中的庸俗性内容的技巧上提出三点建议：① "沉默是金"，用沉默来保持自己正确的立场。②以积极的态度倾听，捕捉她们谈论中积极向上的线索，进行发挥，并与之讨论，进行引导，既是一种以不明显的方式对同学的帮助，又清除了对立和隔膜。③要认识到每个人都不可能是完美的，我们所要做的只是帮助他人、警戒自我，朝着积极的方向努力，以理解性认知消除对同学反感的消极情绪。

二、莫偏见，要全面

· 案例 ·

某大学二年级男生自述：我和同宿舍的一个同学矛盾很大，一直对他很反感，这种反感在考试的时候更加强烈，上自习的时候，也一直想这些事，持续一个多学期了。

我们一开始谈话他就抬杠，总是这样，现在说话我总是尽量避免和他谈论有争议性的话题，发现他开始抬杠我就不说了。他说话也很无聊，常常照镜子，夸自己长得帅，显示优越感，其实他并不帅。

他这人做错了事也不道歉，譬如有一次，他打电话没有卡，我就借给他，但他一次就打了28元，不仅不谢我，也不主动说买一张还我，其实只要他说了，我是不会要他还的。我们宿舍打开水，他也总是用得最多，现在他做什么我都反感，看他往窗外扔东西，我也烦。

（一）案例分析

该同学的问题典型地表现为"晕轮效应"。"晕轮效应"指在观察一个人时，由于他的某一特征或品质从观察者的角度来看非常突出，从而掩盖了对这个人其他特征和品质的认知，被突出的这一点起到了类似晕轮的作用。例如，老师对待学生，成绩好的就认为什么都好，成绩差的就觉得一无是处。就该同学来说，主要是由于双方谈话沟通上的理念误差而导致双方沟通障碍，由此而引发"晕轮效应"，致使他觉得室友一无是处。

影响我们日常人际交往的"偏见"，除了"晕轮效应"之外，还有"第一印象"，它是指人们在初次相遇（包括间接）时产生的第一印象，往往会影响到他以后一系列行为的解释，良好的第一印象可以促进人们之间的心理相容，反之，则会起阻碍作用。还有"社会刻板印象"，它是指人们头脑中存在的关于某人某事的固定看法，例如说"女人头发长见识短"，年轻人"嘴上无毛，办事不牢"，等等，这种印象对一般和个别的关系不作区分，因而会妨碍对他人的具体认知，也容易对人际关系造成负面影响。

（二）案例应对

从他的自身经历中寻找别人对于自己的"晕轮效应"的具体事例，从探寻中了解到，该同学中学时由于学习成绩好，得到家长、老师的一致肯定；但现在回想起来，当时除了学习好之外，其他方面并不是很好，譬如话不多，很多时候不知道说什么好，缺少和周围人交往时的应对办法，这一缺点至今还存在。从该同学对他自身情况的回忆中，帮助他认知到人际关系中的"晕轮效应"，并且进一步反观他对室友的"反感"，启发他认知到"反感"背后"晕轮效应"

的作用；同时，帮助该同学寻找室友身上的优点，以克服"晕轮效应"的负面影响，消除对他人认知的片面性。

三、莫自我，要换位

· 案例 ·

某大三男生自述：一直以来，周围的人都对我不满，很多人都不喜欢我，现在我很少和同学来往，他们有事也不找我，我觉得很孤单。其实我内心是很想交朋友的。

刚进校不久，我住在宿舍，另外3个人特别吵，弄得我晚上总是睡不好，后来我就在外面租了房子，清静多了，但这样同学都不理我了。

一开始并不这样，记得有一次去同学宿舍玩，看到同学忙忙碌碌的，就问他们在干什么，同学说正在准备，晚上有一个同学过生日，问我是否愿意一起去，我就问要交多少钱，因为一般同学过生日都要一起凑钱的，同学说每人75元，我就说，那你们去吧，我觉得我没有能力承担75元，要是20元，我就参加了。但这次没有参加后，有同学过生日时就再也不喊我了。

上一次，有一个不是很熟的同学，找我帮忙，之后他请我吃饭，我推辞不掉就答应了，请客那天因为早上没吃饭，临近中午时就特别饿，我就在同学请客的饭馆点了一碗面条，打算一边吃一边等他。结果他发现我在吃面条非常生气，说我这样做是不给他面子，而且责问我，是不是以为他请不起客。其实我根本没有那个意思，我觉得饿了就吃一点，这很正常嘛。

对我不满的还不只是同学，像去年春节期间姑妈来我家做客，她为我们做了一个汤，端上桌子，她说太烫了，我就说"烫没关系，正好去毛"，我是开玩笑的，想用"死猪去毛开水烫"来打比方，但姑妈立刻就不高兴了，其实我只是开玩笑而已。我一般情况下和人说话，总是想表现自己的独特性，也想开玩笑，表现自己幽默。像一般人都说常用语，我基本上都不说，因为我觉得太平常了，说了没意思。

（一）案例分析

该同学的主要问题是在人际交往中以自我为中心来思考和看待问题。在同学过生日的问题上，在同学请客的问题上，在姑妈来访的问题上，该同学的思考方向都是从自我角度思考自我行为的合理性，明显缺乏换位思考，因而，在该同学反思他的问题时，不能正确归因，更不能从他人角度反思自我行为的不合理性。

首先，在同学过生日事件中，该同学在自我开支上一方面坚持量入为出的原则，从这一点来说，该同学的拒绝是合理的；但另一方面，在和对自己来说比较重要的朋友，或者是在与他人交往的初期，适当地做出牺牲，突破原则，会较容易建立积极的"首因效应"，有利于人际和谐。因此，该同学的问题正是由于不能认识到"首因效应"对人际关系的影响。

其次，在姑妈做客事件中，只关注表现自我的独特性，而完全忽视人际关系和谐的首要目标，导致其言语不当，也妨碍了他在日常生活中适当用语的使用。

（二）案例应对

在探寻中，理清该同学的问题根源所在后，应重点进行以下三个方面的辅导：①纠正该同学在人际交往目标上的片面认知。帮助其认识到，人际交往的主要目标是人际和谐，而非表现自我独特性。②帮助其认识到"首因效应"对人际关系的影响。③克服以自我为中心思考人际关系的片面性，学会换位思考。

四、莫紧张，要坦然

· 案例 ·

某大二女生自述：小的时候，父母因为我是女孩子，从不鼓励我和其他小朋友交往，独处的时间多。高中的时候，班主任很凶，还经常打人，再加上学习压力大，产生了紧张感，现在更严重了。

上课时,老师如果看看我,我就特别不舒服,很紧张,课也听不下去,有时候,老师如果讲得很吸引人,我就会忘了紧张,但多数情况下,总觉得老师在看我。参加集体活动,例如演讲会等,即使不要求我去演讲,只是做一个听众,我都紧张。

还有,现在和同学交往中,特别是在彼此距离很远时,同学会大声叫我,和我打招呼,但我却不能大声反应,同学就以为我冷漠。实际上并非如此,而是担心大声地叫喊,会让身边的人用异样眼光看我,觉得我怪怪的,如果是比较近的距离,我还比较自如。最近,我刚参加了一个文艺社团,结果有一次在路上一个刚认识的社团成员和我打招呼,我又觉得特别紧张就借故回避了,可又觉得这样不好。

(一)案例分析

该同学的情况具有典型的社交焦虑的倾向,是大学生、青少年常见的心理问题之一。

社交焦虑常来源于早期缺乏社交经验或社交挫折。由于缺乏社交经验,导致社交能力不足;由于社交挫折,引起社交中的负面情绪,久而久之,就会不自觉地形成一种紧张、不安的心理状态,从而产生恐惧感。而随着年龄的增长,青少年、大学生又希望交朋友,渴望社交,但一到具体交往情境中,如找人交谈或别人与自己交往时,又会出现恐惧反应,表现出心慌意乱,语无伦次,紧张焦虑,严重者甚至,拒绝与外界发生任何社交关系,从而对日常生活和学习造成极大阻碍。

(二)案例应对

社交紧张的认知根源是总认为别人比自己具有更好的社交能力,看他人完美,视自己残缺。所以,要克服社交焦虑,关键是要认识到"金无足赤,人无完人",别人不一定比自己做得好,每个人都有交往不得体的时候。因此,我们没有必要要求自己事事得体,处处合适,对自己求全责备。犯错误对每个人来说都是正常的,关键在于从错误中吸取教训。建议她在此认识的基础上保持人际交往的坦然态度。例如，当焦虑来临时，可以用言语暗示自己"我只不过是集体的一分子，别人不会去专门盯住我、注意我一个人的。而且，每人都有毛病，不必过于计较"。用此方法消除人际敏感，以摆脱那种过多考虑别人评价的思维方式。

社交焦虑的形成是长期的，同样它的消除也不可能是一蹴而就的，要树立长期观念，不急于求成，否则会更紧张。可以先从与自己熟悉的人的交往中获取积极的交往经验，再适当推广至一般朋友和陌生人，最终战胜焦虑感。

第三节　人际交往策略

人际交往策略指在各种交往中普遍适用和有效的概括性交往策略，需要当事人创造性地、艺术化地、个性化地把普适策略与自己的实际相结合。这里，要防止两种倾向：一是忽视交往的普适策略，片面强调交往的个性化；二是机械搬用普适原则，片面强调交往的共性化。实践表明，这两种倾向都没有良好效果。所以，大学生要首先掌握交往的普适策略，然后在实践中灵活运用，逐步形成自己的交往风格。

一、实现沟通的策略

人际交往的一个重要目标是实现"沟通"。人与人之间的沟通，特别是情感上的沟通，可以消除误解，减少冲突，化解矛盾，从而达到心理上的相知和相容。师生有效沟通不仅有利于教学目标的圆满达成，而且对学生的心理健康具有特殊的作用，是学校心理健康教育的重要路径。大量的事实和理论研究都表明，沟通的缺失是导致心理疾病的一个重要因素。在学生心理健康教育日益受到重视的今天，教师尤其是班主任、辅导员要注重和善于与学生进行情感上的有效沟通。下面以师生沟通为例，介绍4种有效沟通的普适策略。

（一）兴趣策略

两个人兴趣相同时，便有了许多共同的话题，双方交往的频率和谈话量就会明显增加，而且，会产生深层次交往，一方也就较容易进入对方的内心世界，情感沟通便成为易事。例如，班主任与学生的交往就是如此，班主任为了了解、教育学生，至少应对学生的兴趣有一定了解。

•案例•

第五届全国"十杰教师"候选人，大连市46中学班主任董大方的班上，有几个淘气、散漫的学生，对他们的教育一直收效甚微。在一筹莫展之时，偶然发现这几个学生非常喜欢足球。她想，要走近这些学生，能与之对话，就得懂足球。于是，她下了功夫，利用周末，猛看了两天两夜足球比赛，还买来《球报》研究。当有了一定的足球常识后，董老师积极寻找与这些孩子"偶遇"的机会，一天，董老师与他们在球场终于"偶遇"了，一见面，她就说："这几天没休息好，净看球赛了。"孩子们兴奋起来："老师，你也喜欢足球呀！"双方开始热烈地"侃"起了足球，评论比赛，争论越位球。很快，双方成了"球迷"朋友。董老师借机教育学生：喜欢足球是好事，但不能违反纪律，不用心学习。孩子们一听，爽快地说："不就是让我们遵守纪律，用心学习吗？没问题，以后看我们的。"后来的事实表明，孩子们没有说空话。董老师有一个信条：教育学生，就必须参与学生的活动，进而走进他们的情感世界，去感受他们的喜怒哀乐。从教27年来，董老师始终坚持这一信条，为此，她学会了打球、游泳、滑冰、打电子游戏等。

（二）赏识策略

"相同或相似吸引"的规律还告诉我们，教师要与学生有密切交往，实现情感的沟通，就需要尽量认同、赏识学生的观点和行为，与学生在尽可能多的方面达成共识，而不能总是否定学生。当然，认同赏识学生，是有原则的，是认同赏识学生好的方面，决不能是明显的缺点。认同赏识学生至少需要四个条件：①教师要有认同赏识他人的敏感性。有的人在与人交流时，本能地总是反驳对方，不懂得什么叫"求同存异"。具有这种专门给人"挑错"或与人对抗特点的教师，是不可能认同赏识学生的，当然也就谈不上与学生心灵的沟通。

②与时俱进，时刻把握时代的脉搏，了解当代自然、社会、人文主流特征。不了解时代特征，必然思想陈旧，观念老化，总用老眼光看当代的学生，自然是处处不顺眼，感叹"今不如昔""一代不如一代"，认同赏识学生也就成了极困难的事情。例如，现在有些教师认为，当今学生远不如以前那样尊敬师长了，主要表现是不像以前那样听师长的话了。殊不知，时代不同了，民主、平等的观念成了主流，青少年也就不可能像以前那样对师长的话言听计从了，他们开始以平等、独立的心态与成人对话。③换位思考。人的价值观念和行为模式与年龄有一定的对应关系，一般来讲，教师与学生间有较大的年龄差异，在观念和行为上也必然存在差异，教师若从自己的角度去评判学生，则肯定是"不理解""看不懂"。因此，教师要学会和善于"换位"思考，从学生的角度看问题，这样，很多以前难理解的问题就可能变得好理解了，以前的"怪"现象也可能变得顺理成章了。例如，有的教师经常抱怨学生"明知故犯"。这是成人的视角，对成人来讲，一般情况下，若知道不正确也就不去做了；而从青少年的角度来看，"明知故犯"则有其必然性，因为他们自我调控、自我教育能力较低，头脑一热，做了明知不该做的事情，这是常有之事，无须过分责怪。④注重发掘学生特别是做错事学生身上的"闪光点"。教师要把着眼点放在学生的优点上，不要总盯着缺点和不足，这样，才能鼓励学生，使学生看到希望，增强进步的信心。世界上大概没人愿意和总给自己找毛病、批评自己的人交往，因为，追求快乐和成功是人的本能。

·案例·

一天，陶行知先生看到一位男生欲用砖头砸同学，就将其制止，并责令其到校长室。

简单了解一下情况后，陶先生回到了办公室，见那位男生已在等他，于是，掏出一块糖给他："这是奖励你的，因为你比我按时来了。"随后又掏出一块糖："这也是奖给你的，我不让你打人，你立刻住手了，说明很尊重我。"男生疑惑地接过糖。陶先生又说："据了解，你打同学是因为他欺负女生，说明你有正义感。"随后掏出第三块糖给他。此时，男生哭了："校长，我错了，同学不对，我也不能采取这种方式。"陶先生拿出第四块糖："你已认错,再奖你一块,我的糖分完了,我们的谈话也该结束了。"

(三)信任策略

教师对学生的爱是一种信任。信任学生包括信任学生的能力和人格两个方面。信任会让学生感到教师对其能力和人格的肯定,进而愿意与教师有较亲近的关系,这就为教师了解他们的情感世界,并实施情感的有效沟通提供了有利条件。

1. 信任学生的能力

信任学生的能力有两个方面:一是相信学生能独立地把某些事情做好,教师放手让学生做力所能及的事情,而不是"事必躬亲""事事不放心"。二是相信每个学生都能经过自己的努力有所进步,在教师的眼里,错误和缺点都是暂时的,成长和进步才是永远的。因此,学生从教师的言谈话语和表情中,读到的都是"希望",这样,学生的进步也就指日可待了。

2. 信任学生的人格

信任学生的人格是相信每个学生都不会做出有辱良好品德的事情。教师不能对学生的所言所行总持怀疑态度,动辄就说:"你说的是真的吗?你是不是又在撒谎……"没有人愿意和怀疑自己品格的人交往,即使交往也不可能有深交。从某种意义上来说,信任学生是打开学生心灵大门的"金钥匙",也是唤醒学生良知,催人上进的"灵丹妙药"。

(四)真诚策略

真诚地对待学生,从态度、表情到谈话内容都让学生体验到真诚,而不是虚伪或打官腔、唱高调,教师真诚的言行透射出了一种平易近人的人格魅力,无疑有利于缩短师生间的心理距离,促进沟通和交往。例如,有的班主任在与学生交谈时,经常以"说实在的……"开头,总让学生坐在离自己很近的位置上,并且正视对方,语速很慢,语气平和,这些都从交往的形式上体现了教师的真诚。

• 运砖风波 •

  某高三班主任在平息"运砖风波"时，从讲话的形式到内容都展示了真诚。
  事情是这样的，学校正在兴建教学大楼，为了节省开支，学校决定把运砖的任务让学生承担一部分。学校为此专门召开学生大会，校长讲"劳动最光荣"，并宣布了奖惩条例。几天过去了，高三（2）班的学生无一人前去搬砖。学校追究下来，学生群情激愤，怨声载道。班主任到班上来了，几个"骨干分子"正准备与班主任辩论一番。班主任看到这种态势，笑了笑，然后用和缓的语调说道："山雨欲来风满楼，黑云压城城欲摧。"学生不由得一笑，气氛缓和了些，班主任接着说："有个成语大家知道吗？叫'文武之道'……"没等班主任说完，有几个学生便抢着说："一张一弛！"班主任立即说："对呀！善于学习的人都讲究张弛之术，脑瓜老绷着，学习效果并不好，明天的劳动正好给大家松弛以下大脑，而且，还能为学校的建设做点贡献，一举两得。以后大家毕业了，要是大家再回母校，站在将起的这幢教学楼前，你会有一种自豪感，因为这里也有你的一份汗水，大家说是不是？"一席话使同学们点头称是，第二天都愉快地参加了劳动。

（引自《班主任学》，湖南大学出版社，2000年，第258页）

  不难看出，上例事件全过程的每一环节无不渗透教师的真诚，正是这种真诚促进了师生情感的有效沟通，最终铸成了事件良好的结果。如果这位班主任把学生狠狠地批上一通，或像校长那样官腔十足地大谈"劳动最光荣"，结果可想而知。

  班主任与学生的沟通之桥，除上述之外，还有关心沟通和尊重沟通等。班主任密切关注学生的身体、学习、思想、生活、情感等方面的情况，及时予以指导，帮助学生克服各种困难，特别是"雪中送炭"，体现了教师无私深厚的"爱"，学生感受到这种"爱"以后，就会在师生情感沟通中表现出积极的态度。对学生人格、自尊心、自信心的尊重和保护，既展示了教师高尚的人格情操，又密切了师生情感关系。

二、积极主动策略

交往时，要表现出积极的交往态度，消极怠慢会导致交往困难甚至失败。积极的交往态度主要表现为主动热情，积极关注。

在人际交往中，热情能给人以温暖，能促进人的相互理解，能融化冷漠的心灵。因此，待人热情是沟通情感，促进人际交往的重要心理品质。

·实验·

曾经以大学生为被试做过这样一个实验：把被试分成两组，发给第一组被试的表格上列有"聪明、灵巧、勤奋、热情、果断、实际、谨慎"七个形容词；发给第二组被试的表格上也有七个形容词，不同的是把"热情"换成了"冷淡"，其他内容和第一组完全一致。要求被试根据这些形容词，描述出相应的人物来。结果发现，第一组与第二组描述出的任务形象大不相同，第一组被试所描述的都是一些人道主义者或科学家的形象，而第二组被试所描述的都是一些斤斤计较、毫无同情心的人物。这说明"热情"和"冷淡"具有中心性质，当这两个词互换时会使被试产生截然相反的印象。

心理学家研究发现，多数人的交往愿望很强烈，但是能够主动发起交往活动的人却不多。很多人不去主动接纳别人，而是在等待别人来接纳自己，他们试图去引起别人的注意，作交往的响应者而不是发起者，这样往往会错过很多机会。甚至还有一些人在交往失败后，经常拿"有缘千里来相会，无缘对面不相逢"这句话来安慰自己，认为之所以自己没有成功，是因为没有"缘分"，认为"缘分"是从天而降的，和自己的努力没有关系。这种认识是极其错误的，是在逃避责任、寻找借口，与其被动"待缘"，不如主动"寻缘"。

在交往的时候，人与人之间具有互动性，如果一个人总是以高度的戒备心理与别人相处，或者很少主动了解别人，那么别人也会对他敬而远之，因为人们更喜欢那些对自己感兴趣的人。

三、幽默策略

幽默是一种特殊的情绪表现，它是人们适应环境的工具，是人们面临困境时减轻心理压力的方法之一。契诃夫说"不懂得开玩笑的人，是没有希望的人"。在交往中遇到困难的时候，具有幽默感的人会用一个轻松的笑话、一个善意的玩笑来缓解尴尬的气氛，扭转不利的局面。幽默感是人类智慧闪耀的光芒，它永远与机智、乐观、自信等优秀个性品质联系在一起。幽默的人永远被周围的人所喜爱，人们喜欢幽默是因为它让人轻松和超脱，使人际关系更为融洽、和谐。

在交往中常常会遇到这样的问题：本打算向对方提出一个要求，但是又担心对方不能满足自己，这时就可以以幽默的方式来提出要求；反过来，如果无法满足朋友的要求，用开玩笑的口吻婉拒也不失为一个好办法；在谈判进行不下去的时候，利用幽默感也可以打破谈判的僵局；当朋友遇到麻烦时，幽默感也是安慰和鼓励对方的有力手段。

善用幽默也要遵循一定的原则。幽默不是讽刺挖苦，在与人交往的过程中，宁可取笑自己，也不可取笑他人；幽默不是蔑视，而是爱，只有与人为善的人，才可能真正具有幽默感；幽默不是油嘴滑舌，而是一种语言的艺术，它是与广博的知识、丰富的阅历、高度的修养、广阔的胸襟紧紧联系在一起的。

四、恰当表露策略

自我表露是指在人际沟通中自愿把自己的个人信息传递给对方。自我表露在人们的生活中起着重要作用，它不仅是增进亲密关系的重要因素，也是发展友谊的主要因素，还是人们发泄情绪的重要途径。

人之相识，贵在相知；人之相知，贵在知心。要想与别人成为知心朋友，就必须恰当、适时地表露自己的真实感情和真实想法。当然，自我表露的深度和广度因沟通对象而异，与好朋友进行沟通的深度和广度会大于一般熟人或陌生人。根据研究发现，自我表露与心理健康之间存在曲线性关系，见图 4-1。

该曲线表明，太多或太少的自我表露都不合适。一个从不自我表露的人不可能与他人建立密切的关系，但是，总是向别人喋喋不休地谈论自己的人，会被他人看作是"自我中心主义者"。心理学家认为，理想的自我表露是对少数亲密的朋友做较多的自我表露，而对一般朋友和其他人做中等程度的表露。

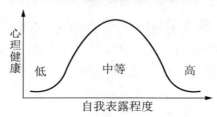

图 4-1　自我表露程度与心理健康的关系

自我表露要掌握三个适当的原则，即在适当的时间和地点向适当的人表露适当的内容。一般来讲，人们容易表露为社会所接受的内容，而不愿表露为社会所不容的内容。人们易于向女性表露而不容易向男性表露，对自己喜欢和熟悉的人表露较多。在进行重要的自我表露时选择私下场合比较合适。在进行自我表露时要注意观察对方的反应，尽量在对方感兴趣、愿意听的时候自我表露。

五、倾听回应策略

倾听是人际沟通中获取信息的主要手段，学会做一个积极的倾听者也是提高和改善人际关系的有效手段。积极地倾听要求倾听者能全神贯注地听，并且能够积极地思考和回应。倾听不是被动地接受，而是有反馈地引导和鼓励。通过语言和表情告诉对方你能够理解对方的描述和感受。不善于倾听者在与人交流中常常表现为心不在焉、烦躁不安、注意力不集中、似听非听、浏览其他东西等，这也会使对方感到没有得到应有的尊重，使更深入的交流难以继续。

倾听不仅是一种技巧，更体现一种个人修养，表现出一个人的综合素质和风度。在倾听过程中，要身心专注，不抢对方话题，要一边听一边细细品味。作为倾听者应先感受对方的情绪和心理变化，要设身处地为对方着想，真诚地与对方进行情感交流，然后再适当地予以分析评价。

作为大学生，在与人交往时必须要掌握一些积极倾听的技巧，例如：保持目光接触；适时点头，表现适当的面部表情；避免出现走神的动作；适时恰当地提问；及时反馈信息；避免打断对方讲话等等。注意并善于倾听的人，永远是善于沟通并能赢得人心的人。

六、语言艺术策略

人际交往过程离不开语言，运用语言实现双方在信息、情感、思想观念等方面的充分交流，进而才能相互理解、求同存异，使双方的关系得以维持并向着更高层次发展。交往中的语言可以分为两大类，即词语性语言和身体语言。

（一）词语性语言艺术策略

语言交流是人际交往中最常用的方式，利用语言进行的人际交往是任何其他交往工具都无法替代的。主动与人进行沟通首先就要与人进行交谈，这时，选择什么样的话题来与人交谈就显得非常重要。如果没有一个很好的、对双方都有吸引力的话题，那么交谈就很难进行下去。因此要善于寻找话题，打开尴尬局面。可以选择大家近期都比较关心的事件作为话题；可以根据对方的穿着打扮、年龄、职业等特征来分析对方的兴趣、爱好，就此引出话题；还可以从自己的兴趣、爱好谈起，引发对方的关注，从而引出共同的话题。

一个人驾驭语言的能力对他的社会交往的顺利与否有很大的影响，一般来讲，一个善于辞令的人要比一个笨嘴拙舌的人更容易获得交往的成功。现实生活中的许多交往失败都是由于语言运用不当而导致，包括遣词造句、语气语调、讲话速度等一些细节问题都应该引起高度重视。

交往中要注重用赞扬的语言。美国著名心理学家威廉·詹姆斯（W.James）曾说过："人性最深切的禀质，就是被人赏识的渴望。"赞扬是被人渴望得到而又不需要自己花钱费力的，它使别人的内心充满阳光，而你也能够在其中获得足够多的幸福感。美国著名心理学家斯金纳也以实验证实，当减少批评和惩罚同时增加赞扬和奖赏时，人们主动做好事的概率会增加很多，许多不良行为也会因被忽视而减少。赞扬别人的优点，其实就是在强化其身上的那些闪光点，使之感受到幸福快乐，并能提高其自身的价值，反过来他们也会对赞扬者报以感激和友善的回应。"赠人玫瑰，手有余香"就是这个道理。

在赞扬别人时，应该根据不同对象的年龄、性别、个性、知识层次等特点，有目的、有针对性地进行。要注重情感投入，任何无感而发的赞美之辞都会显得牵强、做作和苍白。"美言一句三冬暖"，有感而发的诚挚的赞美，是获得他人好感和回报的有效方法。倘若毫无诚意地应付或赞扬，不仅没人爱听，还会引起反感。对别人的赞扬不要太吝啬，要多在别人身上寻找值得钦佩和赞扬的地方，恰到好处地赞扬别人，自己也一定会得到更多的回报。

交往中要恰当运用批评的语言。朋友交往不能只讲优点不看缺点，不能只赞扬不批评，但是批评也要掌握一定的策略和技巧。例如：对事不对人，批评时针对具体的某件事情而不要含有贬低对方的能力甚至是人品的意味；采取先扬后抑的策略，批评时可以先赞扬对方的长处，再去指出其存在的不足；就事论事，不涉及过去的老账，让对方感到自己犯错误是一时的，是可以通过努力改正的。

（二）身体语言艺术策略

所谓身体语言，是指非词语性的身体信号，包括目光与面部表情、身体运动与身体触摸、身体姿势与外表、身体之间的空间距离等。尽管语言沟通是人际交往的主要沟通方式，但心理学中大量的研究表明，在人际沟通中，有55%以上的信息交流是通过无声的身体语言实现的，即所谓的"察言观色"、"眉目传情"等，并且运用身体语言，在有些时候还可以取得语言交流所无法获得的结果。像微笑就具有很强的感染力，能传递许许多多的信息。

· 空姐雕像 ·

有一位外国官员，提议要给空姐立一个雕塑，原因是他在一次飞行途中，飞机因故障颠簸得很厉害，所有的乘客都惊慌失措，这位官员更是吓得魂不守舍，这时一位空姐走到他跟前，微笑着告诉他没有关系，正是空姐的微笑使他平静下来。

需要注意的是,同一身体语言符号在不同文化中可能有不同的含义,一定要了解自己的身体语言并且恰当地运用它们。

七、冲突和解策略

冲突是交往中的自然现象,不仅竞争对手或敌我之间存在冲突,朋友甚至情侣之间也会发生冲突。人们一般认为冲突是不良现象,应该尽可能加以避免,但事实上,它是好现象,还是坏现象,完全取决于人们在处理冲突时采取的方式方法。以下是人们在处理冲突时常常采用的几种策略:

(一)回避策略

有的人不愿意直接面对冲突,认为只要采取回避策略,冲突就会自动消除。事实上冲突并不会因为回避而消失,最多只能延缓其爆发的时间,并不会使问题从根本上得以解决。

(二)让步策略

有些人对冲突感到极不适应,但又无法回避,只能选择让步。这种态度是由于缺乏安全感的心理所造成的,过度担忧自己是否能被他人所接受和承认的人往往采取这种让步策略,但问题还是不能从根本上得以解决,不满情绪也不会得到完全消除。

(三)支配策略

支配者总是采取一决胜负的态度,为了取胜,他们的行为往往具有一定的挑衅性和侵略性,他们的态度十分强硬,不会轻易饶恕别人,总要采取措施迫使对方屈服。采取这种策略,冲突看似得以解决,但容易导致敌对情绪的出现,不利于长期关系的发展。

(四)和解策略

有些人能够正确地面对冲突,他们承认发生冲突是自然之事,把冲突看作是需要经过双方共同努力来解决的问题,而不是消极回避、无原则地让步或是执意要决一胜负。采取这样的策略是明智的选择，可以选择一个双方都能接受的时间、地点，一起坐下来认真地进行沟通，要尊重对方，重视并理解对方，态度诚恳而坦率，彼此开诚布公地向对方做出让步。彼此平等，就事论事，努力澄清双方之间的相同点和分歧点，理解冲突的实质。只要消除了隔阂，一定会找到令双方都满意的答案。

第五章

恋爱与性心理

大学生是青年人,他们已经是成年人,生理上基本或完全成熟,但心理上只能叫相对成熟,因为心理成熟不同于生理成熟,心理成熟是终身不断变化的过程。大学生刚刚告别未成年期,心理上还具有相当程度的"未成年人"的不成熟。所以,应把他们视作心理上"准"成熟的人,既不小视其心理成熟性,也不夸大其心理成熟程度。世界各国心理学研究工作者根据青年生理的发育成熟情况,将青年期的年龄大致划分在18~30岁之间,分为青年初期、青年中期和青年晚期。从时间上大概在16~18、19岁为第一阶段,18、19~23、24岁为第二阶段,23、24岁到30岁为第三阶段。而大学生的入学到毕业的年龄在18、19~23、24岁之间,属于青年中期,从生理发育讲已经成熟,其生理发展已达人生的高峰值。此外,其自我意识、智力水平、情感生活也得到了迅速的发展,对大学生的心理和社会化成熟起着重要的影响。

第一节 大学生心理发展的基本特征

进入青年期的大学生由于具备生理的成熟、社会化日趋成熟、情感世界丰富而逐渐稳定等特点使其心理发展具有特色,具体表现在以下几个方面:

一、自我意识发展走向成熟

大学生在人际交往当中不仅学会如何适应和生存,同时也学会了如何去接受新环境的挑战。

由于进入大学生之后，大学生便面对新的环境和新的人群，重新进行选择和制定目标，以塑造新的"自我"，这种自我的外在行为的表现使独立完成工作的能力更为强烈，他们逐渐开始发展自己的谨慎、宽容、忍耐的精神，认识人生、认识生活逐渐深刻，这种深刻化的过程表现在能够反省和自责，思考问题理性占主导，与此同时自我评价的能力和自我调控能力也在增强，自我形成变得稳定多了。

此外，大学生在参与社会活动中又在发展着保持稳定理智的能力和寻求社会需要与社会能力之间保持平衡的心理状态。以最终完成自我同一性的稳定状态。心理学家怀特认为，当自我同一性成长得更稳定和自主时，这个人就更可能对他的环境有一种稳固而持久的影响。他对他自己的本性和能力更有信心时，他发掘自己的活动的核心就更牢固。

但是，我们必须清醒地认识到，处于社会急剧变革中的当代大学生，正在经历一场深刻的社会改革时期，其心理发展的矛盾性束缚着他们自我意识的健全发展，而加快心理成熟的要求向当代大学生提出严峻的挑战。能否使自我实现达到一个比较高的发展水平，仍然需要一个良好的心理上的准备。

二、社会性情感得到充分发展

大学生与中学生在情感方面的区别主要是社会性情感得到充分的发展。此时由于形式运算的发展，思想和感情能够从熟悉的具体的起源抽象出来，新的感情能够根据假设的人和事创造出来。大学时期是青年情感社会化的关键时期，对形成大学生的理想、信念、世界观、人生观具有重要的作用。

心理学家皮亚杰认为，青年的情感"不属于某个特殊的人物或只限于物质现实的联系，而是附属于社会现实或主要是精神现实，如关于一个人的祖国的、人道主义的或社会理想的……情感。"由此说明发展社会性情感的重要性。

因此，在大学生期间应注意指导学生多发展积极的情感，要学会热爱、关心和亲切，心理学家弗洛姆认为，人的潜能得以充分发展的过程，开始与认识和爱护自己，然后关心别人和对别人负责。热爱，像生活本身一样，要求情感和表现。社会性情感的充分发展的过程可以使我们充满对学习、生活和工作热爱和渴望，幸福感、欢乐经常发生在他们的生活和学习中积极从事挑战性活动的时刻。所以，大学生应以饱满的情绪对待生活，对待人生。

三、具有鲜明的个性特征

大学生的心理活动不仅表现在心理过程中，而且也体现在个体的个性之中。由于大学生自我意识的发展和成熟，他们更加注意养成具有自身特点的个性特征倾向。尤其是大学三、四年级的学生随着知识和经历增长，对自己所扮演的角色十分敏感，非常注意自己在人群中的形象，他们在与群体相互作用过程中通过下面的途径来设计自己的个性特点：即促进自我概念的成熟、寻找自己最重要的东西、如何满足某种需要、解决问题的方法和如何善于在不同的情境中把握自己的情绪，为此对自己进行重新改造和包装形成自己所特有的而不是别人的个性特征倾向。

但是，我们在分析探讨大学生的个性特征形成问题时，必须要意识到，他们的实际的行为是与情境相互的反映，情境对塑造一个人的个性产生非常大的影响。政治、经济、社会制度以及教育体系等在大学生个性发展中起着重要的作用，这也是我们指导、培养大学生良好个性特征形成的基础。

第二节 大学生性心理发展的表现

生理上的成熟引起心理上的变化，青年大学生与同龄人一样，同样渴望爱情，渴望与异性的交往。他们的性意识的发展驱使其去了解异性，去探寻性的奥妙，同时注意自己在异性眼中的形象，并在自己认为合适的"朋友"面前去表现自己，确立自己的地位，采取认为得体的方式向对方表白自己的爱慕之情，希望得到对方的认可，最后便是双方交往的成功或失败，体验着"爱情"的果实。

一、对性知识的寻求

生理上的成熟、性意识的发展带来青少年对性知识兴趣的增加与渴望，这是每个青少年性心理的正常发展。具有高层次文化水准的当代大学生更应该了解和懂得两性的生理解剖上的特点，了解性心理的发生进展过程，并正确地对待性意识和恋爱。所以，处于青年期的大学生探求性知识、学习性科学是非常正常的事情。但是长期以来在我们的文化中视性为禁区、为不洁，这些观念也影响着大学生。他们视性非常神秘，不能在公开场合去阅读性知识书籍，更不能对性问题进行探讨，如果对异性问题进行探讨如同反了天条戒律一般，甚至被认为是思想不健康、不道德等。结果造成心理上的需求不能通过正常的渠道实现，反而只能以"不可告人"的手段去秘密地寻找，最终伴以忐忑不安的心情得到一些未必科学健康的性知识。

二、向往追求异性

当大学生开始寻求性知识时也就开始对异性产生了心理期望。他们采取各种方式去接近异性，在异性面前去表现自己，尤其是对认为符合自己心目中形象的异性更是采取主动出击的方式，利用各种机会增加两人在一起的时间，并想尽办法投其所好，直到双方认可为止。

当男女双方由彼此好感到建立恋爱关系，此时男女双方的人际交往关系也在发生着微妙的变化。双方开始脱离同性群体，排他性心理比较强，由于占有欲望的强烈，在心理上不希望也不允许第三方走进两个人的世界。但是当两个人的关系保持稳定之后，便又会重新回到同性群体当中，不过大部分时间仍是两个人的互动最多。

三、非理智的性冲动

青年男女交往过程中，由于性激素的作用，两个在热恋中的人轻语、亲昵都会引起性欲望和性冲动，最后会出现感情的闸门打开，理智受到冲淹，给男女双方带来无限的遗憾，甚至还会产生"爱情"烦恼，神圣而纯洁的爱情很可能会从此荡然无存。热恋不应是非理智的性冲动而应是一种纯洁愉快的幸福期待。过早地发生性行为，这种幸福的期待也就会早离你而去，爱情也就不再会充满动人的魅力，失去那神圣的光环。

所以说大学生应该更深刻地认识到爱情的严肃性和责任感，学会克制自己的性欲望，这对大学生的身心健康和恋爱的成功，都有着重要的现实意义。

但是在大学生性心理发展过程中，大学生对异性的向往和追求并非都能按自己的设计去实现，他们在寻求恋爱对象的过程中，或在两个人的恋爱过程中不同程度地体验着失败的痛苦，造成心理挫折，引起心理烦恼，如不得到及时的指导还会出现心理障碍，甚至导致严重的行为不适。为此加强大学生性心理健康教育与指导，使大学生正确地对待恋爱，有利有序的解决恋爱中出现的问题是非常重要的，也是大学生工作的一项重要内容。

第三节 大学生的恋爱心理与行为

随着大学生生理的成熟、社会性的发展以及情感的稳定，其性心理也趋于成熟，恋爱也"水到渠成"。处在青年期的大学生由于受文化层次、接受教育程度以及所处的特殊环境影响，其恋爱发展除了具有这一年龄段青年的普遍性特征以外，还有其特殊性，主要表现在性观念、性意识、性文化以及性行为等方面。

一、心理学家对"恋爱"的诠释

斯宾塞尔在《心理学原理》一书中，认为恋爱是由9个不同的因素合并而成的：一是生理上的性冲动；二是美的感觉；三是亲爱；四是钦佩与尊敬；五是喜欢受人称许的心理；六是自尊；七是所有权的感觉；八是因人与人之间隔阂的消除而取得的一种扩大的行为的自由；九是各种情绪作用的高涨与兴奋。

潘光旦先生翻译的《性心理学》一书里将恋爱列出几种特点："它是稳定的或稳称的、调节的、富有含蓄的，并且有内在而浑沉的理性存乎其间。"[①]"恋爱"不仅仅是两个人的事情，它原是一种可以提高生命的价值的、很华贵的东西。恋爱本身是浪漫的，但对于每一个人来说它又是理性而严肃的，只有这样，恋爱过程才可以充分表现它可能的最大的庄严与最深的意义，才能从神圣境地

---

① 《性心理学》蔼理士著，潘光旦译，生活•读书•新知三联书店，1987，436页。

中体验到快乐的感觉，可以说这才是一个人高级审美的需要。

二、大学生恋爱的普遍性

现在，大学生在校期间谈恋爱，已是一种很正常和普遍的现象。国内某家权威的调查机构的统计数据表明：有87.9%的大学生在校期间谈过恋爱，其中沿海地区，如广东、福建、浙江等地高达94.6%。另一调查结果显示：67%的大学生谈过或正在谈恋爱；82%的人认为大学生可以谈恋爱；51%的学生认为大学生谈恋爱利大于弊；男女之间没有显著差异。[①]

大学生恋爱之所以如此普遍，主要原因有两个：

一是大学生性生理、性心理日益发展近于成熟。大学生年龄大多处于20岁左右，正处于男女两性关系发展的钟情阶段，此阶段的青少年对异性的爱慕和向往有了比较严肃的选择和排他性，希望与选定的对象单独在一起，更愿意两人单独活动。自然而然地进入了恋爱择偶尝试期，男女双方从内心深处都感到异性存在的美好，并渴望利用各种方式接近异性，引起特定异性的注意与好感。这是大学生恋爱的一个重要原因。20岁左右的大学生处于青春期中后期，其生殖系统趋于成熟，性激素的分泌影响生理平衡，因而对性的体验十分敏感。对异性的爱慕比较强烈，易于产生性冲动，满足性冲动是促使他们投入恋爱活动的重要诱因。

二是西方性文化的强烈冲击。改革开放30年，西方性解放、性自由观念在我国广泛传播，强烈冲击着我国性保守观念，致使我国青少年过早地也更加普遍地投身"爱河"。

当然，大学生恋爱之所以如此普遍，还有其他原因：学习动机低下，无远大人生抱负，不愿刻苦学习，闲着无聊，无事生非，热衷谈恋爱；学习和就业压力大，用恋爱来缓解焦虑紧张的心情；攀比从众心理驱使，看到别人谈恋爱，自己也要谈；想较早找到婚姻的另一半，步入婚姻殿堂；还有我国教育部令21号：《普通高等学校学生管理规定》中取消了原《规定》中"在校期间擅自结婚而未办退学手续的学生，做退学处理"的规定，大学生在校期间能否结婚，

[①] 李永芳等，当代大学生婚恋观的调查与思考，中国性科学，2009年第1期。

根据国家《婚姻法》和《结婚登记条例》执行。在校大学生符合结婚条件者是可以结婚的,大学生恋爱就此更加"合法化"。

三、大学生恋爱观的特点

1. 态度理智

大学期间要不要恋爱?要不要结婚?如何认识和处理学业与恋爱、婚姻的关系?这是所有大学生共同面临的一个重要的现实问题。冼德庆的调查统计数据显示,在对"大学阶段是青年人恋爱的'黄金时代',也是青年人学习知识的'黄金时代',而从大学生的长远利益看,应当把完成学业放在第一位"问题的回答中,选择"赞成"的人数比例为83.8%;在对"假如遇上合适的恋人,你是否想在大学期间结婚"问题的回答中,选择"不想"的人数比例为59.9%。李永芳等人的研究也表明,大多数(77%)是为了找寻人生伴侣而恋爱者,其次是满足心理和生理需要(18%);而为证明自身价值、排遣寂寞者则属少数。这表明,大学生仍有较强的恋爱道德约束,尽管他们追求罗曼蒂克的爱情,但并不滥情或视爱情为游戏,能自觉地使自我行为与传统恋爱道德保持一致。由此可见,多数大学生对待学业与恋爱、结婚问题的看法和态度是理智的。

2. 择偶标准注重内在素质

冼德庆的调查表明,在所有被调查者的第一位的选择中,选择"事业心与进取心"的人数比例为49.8%,选择"人品"的人数比例为18.5%,选择"身材相貌"的人数比例为11%;在所有被调查者的第二位的选择中,选择"人品"的人数比例为34.9%,选择"性格"的人数比例为22%,选择"才能"的人数比例为16.8%;在所有被调查者的第三位的选择中,选择"身体健康"的人数比例为28.6%,选择"性格"的人数比例为28.3%,选择"人品"的人数比例为13.9%。以上统计数据显示,多数学生把事业心与进取心强、人品好、性格合适这三条作为择偶时考虑的最重要的因素。李永芳等人的研究也表明,诚实可靠、富有感情、受过良好教育、身体健康、责任心强,对男女生均有较强的影响力这说明当代大学生在择偶标准上趋于求真务实,看重对象的内在素质,而不是对象的外在条件,注重建立精神型恋爱关系,这种择偶标准与社会发展同步,体现出强烈的时代感。

3. 在对非婚性行为的宽容性

非婚性行为包括了婚前性行为和婚外性行为。李永芳等人的研究表明,大部分学生认为"同性恋"和"婚外恋"是"人的性权利或属少数人的正常行为";几乎全部反对不道德的性行为。但不同性别的大学生在对性行为的认可度上存在显著性差异,男生对婚前性行和婚外恋的接受程度明显高于女生。大学生对婚外恋的态度证实了李银河的结论:"随着社会的现代化进程,人们对婚外性关系将越来越宽容。"①冼德庆的调查也表明,当代大学生的性观念较为开放,对非婚性行为的态度表现出较大的宽容性:一是在对婚前性行为的看法上,有 49.9%的被调查者认同"只要两人相爱,婚前发生性行为也无妨"的观点,有 44.0%的被调查者认同"婚前同居有利于增进男女双方的相互了解"的观点。二是在对"婚外性行为将破坏现有婚姻的稳定"问题的回答中,选择"反对"和"不清楚"的人数比例分别为 13.2%和 14.6%。三是在对"对婚外恋应采取不干预主义"问题的回答中,选择"赞成"的人数比例为 9.8%;选择"不清楚"的人数比例为 15.6%。

4. 把爱情与婚姻分别对待

李永芳等人的研究表明,对于恋爱与婚姻的关系,仅有12%的被调查者认为大学期间的恋人会最终成为夫妻。绝大多数学生更倾向于将恋爱与婚姻分开对待,恋爱的婚姻取向较弱。他们之所以重视爱情而不信任婚姻,更可能是因为他们将恋爱更多地当作寻找真爱的过程,至于结婚,则认为需要更多的条件才能实现。这既反映了当今社会人们更加注重自我感受的现实,又反映了社会变迁中婚姻关系的脆弱化给大学生带来的深刻影响。

5. 贞操观的淡化

李永芳等人的研究表明,在择偶条件中,"童男""处女"的选项最低。这

---

① 李银河. 中国人的性爱与婚姻. 北京:中国友谊出版社,2002.

种现象的产生有多种原因，一是大学生的思想更解放，不受传统贞操观的约束；二是部分大学生对婚前性行为持认可态度，自然对配偶是否是童男处女无所谓了；三是严酷的生存竞争使大学生更为明智。当代大学生坚守的贞操观是"建立在男女平等基础上的爱与性的统一"。[①]

综上所述，不难看出，大学生恋爱观具有双重性，既有积极方面，如恋爱态度理智和择偶标准注重内在素质，也有消极方面，如在对婚前性行为的宽容性，把爱情与婚姻分别对待以及贞操观的淡化。当然，过强的贞操观是封建糟粕，应该摒弃，但贞操观过于淡化也必然导致严重后果，即使大讲"性自由"的美国在饱尝"苦头"后，也开始强调贞操教育，在少男少女中极力倡导要保持贞操，不要像过去那样在"性"上过于随意。

四、大学生恋爱教育

从总体上看，当代大学生的恋爱是健康的，多数学生能够按照社会主义婚恋道德的标准去对待恋爱和婚姻问题。但是，也必须清醒地看到，部分大学生在婚恋和两性关系问题上所表现出来的不良倾向，必须引起社会、学校和家庭的重视，并采取正确的措施加以教育和引导。

1. 用科学的态度对待大学生的恋爱问题

恋爱和结婚是青年人身心发育到一定时期的必然要求。青年人到了大学阶段产生对异性的追求以及对爱情和婚姻的憧憬，是一种不以教育者主观意志为转移的客观现象。因此，采取科学的态度来对待大学生的婚恋问题，是目前高校学生教育管理工作中必须面对的一个现实问题。在 2005 年 3 月国家教育部颁布《普通高等学校学生管理规定》以前的数十年间，许多高校把大学生谈恋爱视为洪水猛兽，采取严格禁止的态度。这种做法，压抑了大学生的正常的情感需要和健康发展，使大学生形成很大的心理矛盾和冲突，是不科学的。由于大学阶段是青年人恋爱的"黄金时代"，也是学习知识的"黄金时代"，同时还是人生观形成和发展的关键时期。因此，教育者对待大学生的恋爱情况，既不

---

① 李永芳等. 医学生性观念、性危机干预状况的调查与分析. 中国性科学，2007,11.

能采取以往那种简单粗暴、一律禁止的"堵"的办法，也不能采取充耳不闻、不管不问、放任自流的办法。正确的态度应当是坚持疏导方针，引导大学生正确认识和处理恋爱和婚姻中的各种关系，坚持学业与恋爱、事业与婚姻家庭、眼前需要与长远利益的和谐发展。

2. 引领大学生树立符合社会主义主流价值观的婚恋观

我国目前正处于社会变革与社会转型时期。在这个历史进程中，社会思想空前活跃，人们思想活动的独立性、选择性、多变性和差异性不断增强。同时，随着对外开放、对外交流的扩大，中外不同思想文化的相互激荡将会进一步加剧。因此，思想意识的多样性和价值取向的多元化将会长期持续，大学生在婚恋观上的多样性也会长期持续。但是，正视我国思想意识的多样性和大学生婚恋观的多样性，并不等于要让这些性质各异的思想意识任其自由发展，正确的选择是必须用社会主义主流价值观引领社会思潮，引领大学生的人生价值观，其中也包括婚恋观。坚持用社会主义主流价值观引领大学生的婚恋观，最重要的有两条：一是引导大学生学会用科学的立场、观点和方法来认识恋爱、婚姻现象和处理恋爱、婚姻中的各种关系。二是引导大学生掌握正确的道德行为标准和道德评价标准，明白是非、善恶、美丑的界限，知道"什么是应该做的，什么是不应该做的""什么是提倡的，什么是反对的""什么是高尚的，什么是卑劣的""什么是光荣的，什么是羞耻的""怎样做是善的，怎样做是恶的"。大学生只有树立了社会主义核心价值观，才能用正确的观点和态度去对待和处理恋爱、婚姻中的各种问题。

3. 引导大学生树立远大理想

学生的婚恋观和学生的理想、事业心紧密相连。积极上进，学业优良的学生往往不会过早恋爱，即使恋爱了，分寸把握得也比较好。因此我们要引导学生追求事业、理想和前途，不能只顾儿女情长，荒废学业。学业不存，感情焉附？具体讲，要强调以下几点：一是要树立远大志向。要让大学生认识到，大学生作为青年中的精英，不仅需要爱情和家庭，更需要理想、信念和事业，切勿只顾儿女情长而忘记远大理想，切勿贪图眼前快活而忘记了长远的利益和发展。二是摆正学业与恋爱的关系。坚持学业与恋爱协调发展，在学业与恋爱发生矛盾和冲突时，坚持把学业放在第一位，把主要的精力和时间投到学习科学文化知识上，切勿为了婚恋而荒废学业。三是摆正事业与爱情的关系。坚持以共同理想、共同事业作为建立爱情的基础，让爱情从属于事业，努力让爱情成为事业的动力，用爱情来推动事业。

4. 加强大学生性道德教育，树立正确的性观念

爱情与责任同生，选择了爱情也就是选择了责任。要引导大学生自尊、自爱、自立、自强是恋爱观教育的重要部分，性知识的教育是性危机干预的基础，性道德的教育是性危机干预的核心。高校应深入开展性道德教育，弥补学生的知识缺陷，帮助大学生建立负责任的性态度，纠正大学生性意识中的偏差，从而自觉抵制不良性刺激的影响，正确处理爱情和友谊的关系，并引导大学生用成熟的人格、成功的事业去创造幸福美好的生活。

性观念是人们对性问题的较为稳定的看法及所持有的态度评价，既包括个体的性观念，也包括在一定时代的社会背景下，人们对性问题的评价、态度、看法的总体趋势。当前大学生受西方思潮和社会不良风气的影响，传统道德逐渐淡化，对婚前同居、婚前性行为持开放、理解和宽容的态度。在一项对婚前性行为态度的调查中，支持婚前性行为的占到25%，持无所谓态度的有30%。由此可见，随着社会环境发生的变化，当前大学生的性观念也日益开放。处于青春期的男女，对性既感到渴望又感到神秘，往往在尝试心理的作用下，导致了自己无法妥善处理的后果，所以很容易在恋爱中出现心理问题和极端行为。高校应利用校园广播、课外活动，特别是校园网络来开展大学生性危机干预。法国启蒙思想家、哲学家、教育家卢梭有这样一句话："避免邪念的唯一办法就是免除神秘。"通过教育，纠正大学生恋爱意识中的偏差，建立健康的恋爱观，树立起正确的道德观念和法制观念，正确进行两性间的交往，正确处理爱情和友谊的关系。校园网络教育既利用了学生的上网爱好，又在很大程度上保护了学生的隐私，相比其他教育形式更容易得到大学生的认可。

5. 加强校园文化建设，为大学生营造健康向上的文化氛围

高校应通过丰富的集体活动，给大学生正确处理与异性交往的平台。倡导校园文明行为，消除大学生的孤独感，让每一位学生都有显示自己才华、表现

自我价值的机会，集体活动中通过与异性的交接和交往，有助于大学生释放由于生理成熟带来的性压力，愉悦彼此的身心。

第四节　大学生性心理卫生与健康指导

一、大学生性心理卫生

在大学生众多的心理问题当中，因青春期而带来的性角色成长中出现的问题，给一些大学生造成情感上的压抑，成为心理适应中一个非常突出问题，它在困惑着大学生的学习生活和交往需要，并因此引发出各种意想不到的突发事件，给学校正常的管理工作带来干扰。所以对于处在青春期的大学生，一方面要知道由于他们生理发育日趋成熟，产生了强烈的追求异性的欲望，同时还要懂得他们的心理发展水平落后于生理成熟，出现"剪刀差"，对社会适应和情绪的自我调控能力比较弱的特点，采取有效的预防手段，即时在大学生当中进行青春期教育和性心理卫生指导，即帮助大学生经过自我调控合理地扮演人际交往中的性别角色，适时、适度的处理好因恋爱交往而出现的心理反应，消除各种不良影响；学会用温和、冷静的情绪反应去对待青春期的心理反应和恋爱问题。

在青春期里与性心理发展密切相关的心理卫生与健康因素大致包括：具有充分的适应能力成功地扮演好性别角色；能够保持人格的完整与和谐，对人际关系尤其是与异性之间的关系有良好的适应；适当的情绪宣泄与控制，保持适度的警觉水平；在不违背社会道德规范的情况下，对自身的基本需要能恰当适度地满足。

二、大学生性心理卫生健康指导

（一）大学生性心理问题的预防

大学生性心理问题的预防的目的是让大学生对性生理、心理、道德等方面有一个科学正确的认识，并能正确地运用到学习、生活以及人际交往之中，当他们遇到烦恼或困惑不能自我解决时，帮助他们学会调节自我，运用合理的方法去面对现实,将自己摆到一个正确的位置。

对于大学生来说,加强自身文化修养、磨炼自己的意志品质,树立一个正确的世界观和人生观是预防性心理疾病发生的必不可少的基础,也是增加对科学的性心理知识认识的必要条件。

青年期性心理成熟的主要标志之一是追求异性并希望得到社会的认可,这种吸引异性的欲望支配了他们的行动。但是生理成熟与心理成熟并非同步进行,在他们生理成熟之时,心理上还不具备适应社会文化的能力,他们很难做到理智地控制自己的情绪,当然也不清楚应该用什么方式使自己的需要与社会文化规定相一致,因此,采取的行动往往是不理智的、违背社会道德规范的。这样,学校就需要通过一定的教育、宣传方式让大学生懂得哪些做法是可行的、哪些做法是行不通的,如果处理不当,要为此付出沉重代价的。加强大学生文化修养,其内容也应包括性文化。

与此同时,在预防的内容中不可缺少的是磨炼意志,形成良好的个性观念,树立一个"真实的自我"。人本主义学说认为,健康的个性也有足够的自我能力去面对现实和他周围的世界。首先使大学生有一个积极的自我概念,这是保持人格完整与和谐的前提条件。因为一个人做或不做什么,大多数取决于他的自我概念是否合理。例如,如果一个人认为自己愚笨,那么他不可能有什么远大目标,即使他的工作很糟糕,也不会因此而感到内疚,他的责任心也非常差。所以,只有当我们树立积极自我概念,具有一个积极而客观的自我评价,那么这对于我们对事情做出正确的判断,并能充满信心地对待自己是非常重要的。在异性交往中,对性角色的认识同样如此,良好个性的养成凭借的是每个人的"智慧力量""道德力量"和"意志力量"。这就要求大学生在培养良好的个性品质过程中做到以下三点。①正确了解自我,树立一个切合实际的自我评价体系,以防止自我歪曲;②承担起社会赋予我们的责任,捍卫我们的道德,学会对他人的尊敬、关心和责任感是道德力量的体现;③相信自己具有克服困难的勇气和信心,能够用理智战胜"失职"的感情冲动而保持自尊与自爱,不会因回首往事而悔恨。

此外,作为预防性心理疾病的方法还可以通过积极参加丰富多彩的业余活动来充实学生的生活。在活动中建立和培养适当的人际关系,养成开朗的性格、高尚的情操，借此释放多余的"能量"，同时在异性交往中使我们的青春冲动升华为更高级的精神满足和高尚情操。

（二）大学生性心理健康指导

1. 培养健康的性爱心理

培养健康的性爱心理，这是性危机干预的中心内容之一。因为只有健康的性爱心理，才不会形成性犯罪动机。培养健康的性爱心理，最主要的是树立正确的性爱观。所谓性爱观，就是对两性关系的认识和评价。树立正确的性爱观，既要反对封建主义的"禁欲主义"，也反对当代西方的"纵欲主义"。在《青春期心理》一书中，作者指出："迄今为止，人类关于如何对待性道德问题经过了两次重大的变革。16世纪到18世纪，处于上升时期的西方资产阶级，把性道德从神学中解放出来，用人性战胜了神性，这是人类道德史上的第一次重大变革。但是资产阶级把人类两性关系从封建社会的等级制度下解放出来，不久又给它套上了金钱的枷锁：把性爱从禁欲主义的道德的罗网中解放出来，随之又把它推进了纵欲主义的泥坑。我们绝不能把今天西方社会一些人所推崇的'性解放'以及由此导致的性关系的混乱和性道德的败坏视为终极的人性。它只是人类进入文明社会以后人类道德史上的第一个否定。这个否定到后来已变得极端盲目、极端有害，所以它必须被更加进步的马克思主义性爱观所否定。不仅要把性爱从金钱的枷锁下解放出来，而且还要把它从资产阶级的'疯狂纵欲主义'中解脱出来，把性爱建立在'以所爱者的互爱为前提的'基础上，这才是人类的真正性爱。"当然，这种性爱中所形成的性心理也是健康的、有益的。

培养健康的性爱心理，还要加强社会责任感和抚育责任感的教育。因为性关系要牵涉到两个人的生活，并可能会怀孕、生育。这一情况决定性爱不仅是一种生理关系，而且从根本上来说，是一种社会关系。既然是社会关系，就必然会产生社会责任和对下一代的抚育责任。由此可见，大学生在青春期性意识觉醒后，要特别告诉并教育他们什么叫真正的爱情，应该如何选择异性朋友，应该如何对待婚姻、恋爱、家庭等。要把性爱同社会责任和抚育后代的责任结合起来，而不是把性爱仅同情感因素联系在一起。

2. 正确对待恋爱失败

对于大学生来讲，选择异性伴侣，明确恋爱关系是其性心理发展过程中的一个非常突出的问题。而在选择伴侣和明确恋爱关系过程中，可能会因为这样或那样原因而出现失败，由此会失去信心、消沉；也可能会在热恋过程中因一方提出中断恋爱关系，而沉浸在失恋的痛苦之中，甚至出现感情不能自拔，产生一些错误的念头或极端的行为。

那么，我们应该怎样面对这些情况，重新树立起生活的信心和勇气呢？

我们知道，当一个人以极大的勇气向对方放开心扉而被拒绝的时候；当两个处于热恋中的人被另一方拒绝而分手的时候，可以想象得到这种刺激是非常强烈的，难以使人的情绪平静的，他们都会深深地感到自尊受到了严重的伤害。在这种情况下，对一些大学生来讲，他们很可能对生活、对人生感到绝望，也可能将自我与他人隔离开来，以保护自己免受更多的伤害和自尊心的毁损，甚至发誓从此以后不再恋爱，让别人永远也不能再"伤害自己"，出现"心理封闭"。

事实上，任何事情的发展都很难按照我们自己的主观设想进行，人际关系如此，追求爱情也是一样。因为选择本身就是双向的、对等的，不可能一厢情愿，在你选择对方的同时，也就应该考虑到自己是否能被对方接受。如果没有充分的心理准备，对来自对方的拒绝便会感到手足无措，甚至会怨恨对方，这样一来你便会感到自尊受到伤害，体验着爱情的"苦果"。

而热恋中的分手让其中一方体验着巨大的痛苦，其根源还在于"先入为主"的思维方式。因为自以为确定的爱情关系，从此双方如同一体了，但实际上对方可能并没有像你一样明确双方关系，他还在将自己放在互相了解和认识的阶段中，当他感到你并不是他心目中要寻找的伴侣时，那么就会提出分手，因此使你承受着失败的痛苦。

我们面对失恋的烦恼和痛苦应该怎样办呢？是消沉下去，荒废自己，还是敢于正视现实，勇敢地接受人生的挑战，我们认为当然是选择后者。

我们认为爱情应该是双方共有的，它不是一方选择了另一方，更不是一方占有另一方，不能因为你的选择失败，或热恋中的分手就认为是自我实现的失败。当代大学生对爱情应该有更深刻的理解，爱情不应该是狭隘的，其本身应该是奉献。当然，一个人如果正在承受初恋失败的痛苦，那么在一段时间内生活中与他人相处会发生不少的困难。但是一次的失败并不能证明你今后的人生体验都是失败。在爱情之中无论是成功还是失败，这种爱的情绪反应，都应该作为一个人自我实现的发展阶梯，重新去认识自己的起点。

除此之外，我们还应学会用积极方法去转移消极的情绪，而不是对过去情感的简单否认或逃避，因为逃避不愉快的生活情境最常用的方式是否认过去引起痛苦的情绪。而我们面对失败的现实应表现出信心十足的勇气，这样会使一个人显示出拥有积极和善良的品质。

对失恋之后出现不良情绪反应的大学生的指导方法：

（1）以积极主动的情绪面对现实，增强自身的抑制过程。

在现实学习生活中，我们每天都会遇到这样或那样不顺心的事情，我们对这些不顺心的事情体验着不愉快的情感，如果每天都将这些悔恨而伤心的事情都保持在我们的自觉意识中，那么学习和生活以及人际交往将是非常痛苦的，这些体验对身心也是有害的。这样，我们就必须在情绪上忘掉这些事情，采取积极主动的方式去克服或抑制不良的情绪。它会使我们面对现实，集中思想和精力，不去忧虑过去的烦恼和痛苦，而是勇敢地迎接未来。

（2）避免过早建立情绪隔离，将自己与他人，尤其是异性交往隔离开来。

当一个人的初恋失败后，其痛苦的情绪体验是可想而知的，他可能因为第一次的"恋爱失败事件"而对爱情产生悲观情绪，宣誓"我将永不再爱任何人"了。当然，一般情况下，这种痛苦持续的时间不会太久，但却会成为下一次的防御心理。这是由于初次恋爱失败会使人给自己罩上保护层，以免再次受创，但也会由此影响到他今后的交往与选择。

实际上它从另一个方面告诉大学生，由于我们的情感还不很成熟，对外来的刺激还缺少足以对抗的意志力量和处理技巧，所以在大学期间应该以更多的精神投入学习，发展我们的情感，过早地谈恋爱对我们的精神、情绪以至学习都是不利的。

（3）向关系较好的异性或朋友宣泄不满的情绪，尽快恢复心理平衡。

心理学家指出，当一个人出现情感危机的时候，当他想将这种不愉快的情绪宣泄出去时，最好是选择比较好的异性伙伴去倾诉你的苦恼，因为此时他是你最好的听众。

3. 防止恋爱中的错觉倾向

有许多大学生自认为某位异性在注意自己，一些男女大学生会感觉到自己成为对方追求的目标，具有这种心态的大学生认为对方的每个动作都是在向自己表达爱的方式。即当个人的某些情绪或行为投射到他人身上，或者说某位大学生喜欢或爱上某一个人的时候，那么他的这种情感也会投射到对方身上，自认为对方也在爱着自己。而实际情况是，对方不仅没有感到你的情感，而且也根本没有对你表示过爱，这是一种错觉，因一方对另一方"钟情"而出现的。在心理学上，我们将这种现象称为恋爱错觉，有些大学生会由此出现"单相思"。

那么，我们怎样正确认识恋爱错觉，并在人际交往中注意克服这种倾向呢？

在心理学上，错觉被认为是由外界刺激物的特点或由某种主观情绪和愿望引起的对客观事物的一种错误的感觉或不正确的知觉。恋爱错觉实际上是一种错误的"社会认知"，对社会关系的不正确的认识，是人际交往中主观臆断上出现的错误。基于这种认识，我们认为恋爱错觉的产生是由于接受"爱"的信息的一方产生了误解，有些大学生又不愿意接受对方拒绝的事实，并由此产生误解，出现心理烦恼。例如，一个大学二年级的男生对本班的一位女生有好感，平时有意地接近这位女同学，女同学都很适宜地跟他保持交往，这位男生认为她对自己"有意思"了。一次从图书馆出来，男生走在前面，当他不自觉地回头时正好与后面的女同学二目相视，这位女同学非常有礼貌地冲他微笑点头，当时他异常激动，回到寝室想了很久，认为这是对方向他表示爱情，觉得应该是向对方表达自己感情的时候了。第二天他便写了一封求爱信，表达了自己的爱慕之情，愿意接受对方的爱。并当着一些同学的面很自豪的将信交到了女同学手中，当这位女同学看过信后感到非常生气，尤其对方无中生有说她也爱上了他，更是觉得没有脸面，当她将信丢给他时说了一句话："你大概神经不正常吧！"即使这样，这位男同学仍旧是初衷不改，认为她确实对他"有意思"。实际上这是比较典型的恋爱错觉。

由此可见，处于青春期的大学生应该正确认识自己与他人，在恋爱过程中，既要克服主观臆测和认识上的片面性，更要树立正确的人生观和恋爱观，学会正确地把握自己的情感，以避免不必要的情感纠葛。在表达爱意时，也应以最尊重对方的方式进行。

4. 正确认识女大学生的自傲心理

我们认识到了恋爱过程中的错觉心理效应之后，对女大学生的自傲心理的认识也就更深入一步了。在一些男大学生的心目中，他们渴望与女同学交往，选择一位知己，可是却又感觉到对方是那么难以接近，有的女大学生甚至给人以盛气凌人的感觉。因此，常能听到一些男大学生在一起议论，班级里谁谁特别"傲"。

其实，这种感觉或议论大部分是由于错觉带来的。一般来讲，在感知觉方面男性与女性的体验是有区别的，男性一般更多地借助视觉去寻求、评价女性；而女性则更多的是靠触觉去体验对方的关怀与爱，同时女性心理比男性具有更强的闭锁性，她们更多的注意自己的内部精神世界，用"心"去感受；而男性常常更多地观察外部的客观世界，用"眼"去寻找。这样一来便使一些男大学生感到女大学生心理捉摸不定，更何况她们的文化水平又较高，就更有助于掩饰自己的心理活动，不轻易地被男性所认识，于是便给一些男大学生造成一种难以接近的"傲气"感觉。

当然，并不是说女大学生具有"傲气"就不好，适度的自傲心理对于女性增加自我保护手段非常重要，尤其是对待那些行为比较轻浮的男性来说，运用这一手段就更加有益，它可以使女生减少许多不必要的麻烦。我们也不可否认，对于那些比较理智、又能协调好各方面关系的女大学生来讲，适度的"自傲"心理对她们起到保护和防卫的作用。但是，还有少数的"自傲"女大学生，她们的这种"自傲"心理则是一种"反向作用"，是由于其内心深处可能蕴藏着浓厚的自卑心理，对自己所采取的消极防御，或者是由于以前受到心灵伤害而将心封闭起来。尽管她们内心中的自卑感倾向非常强烈，但是在外表上还是显得自傲不凡，其实她们心里也可能会为此苦恼，甚至也非常渴望有异性主动地与她们交往。这样的女大学生，如果学校条件允许，应向专业心理辅导教师咨询，以排解自己的封闭性，早日恢复到青春的鲜活生活中。

第六章

网络心理健康教育

第一节 网络对大学生的影响

互联网进入高校,极大地扩展了大学生的学习空间,以快捷、便利的方式,满足了大学生日益增长的学习需要,使其摆脱传统封闭的教学模式,从多渠道、大容量、超时空的信息中汲取营养,获得充实感。但是,网络是一个虚拟世界,在其与青少年相互作用的过程中,不同程度地触动了大学生原有的内心平衡,不可避免地对其学习、交往、自我意识、人格形成、人生观等方面造成不同影响。

一、网络对大学生心理的积极影响

1. 网络的介入弥补了传统教学的不足,满足了大学生日益增长的学习需要

传统教学的主要形式是课堂教学,它常常把师生局限在课堂上,把学习内容限定在十分狭窄的教材之中,作为学习主体的学生只是被动地接受,很难依据自己的实际情况与教师进行多方面的交流,因而效果不尽如人意。网络对传统的课堂教学产生了前所未有的冲击,学生不必按部就班地学习,师生能够通过网络在虚拟的环境中自由交流,与大容量、超时空的信息进行交互,不断满足学习者独立学习与求知的需要,增强了自主性学习。

大学生作为一个重要的学习群体,能够充分利用网络这一互动工具,通过操作学习和人机互动,更新知识内容,完善自己的知识结构。正如一位学生所言:"我在网上学会了先进的知识和技术,看到了未曾见过的东西,想到了未

曾想过的东西，学会了怎样去查阅资料，掌握最新信息。"当前，各大高校基本都建成校园网，大学生使用网络很方便，这样他们就可以频繁使用网络主动学习。有研究者对大学生上网情况做过调研，从结果看，熟悉网络操作系统、查信息、下载软件、浏览新闻等分别占参与调查人数的 50.1%、57.2%、27.0% 和 49.4%；访问国外网站时学生选择新闻评论、获取专业信息、娱乐新闻、留学信息的人数比例分别占总人数的 35.2%、26.7%、18.2% 和 7.0%。认为上网开阔了视野，提高了对社会问题的分析评价能力者达 67.9%。从中可以看出，大学生接触网络绝大多数是在主动地求知，获取各种有意义的信息，网络带给他们的体验也是健康积极的。

2. 网络扩大了大学生的交往范围，填补了内心的空虚

当今大学生升入高校之前，在分数、升学等压力下，埋头苦读，忽略了社会交往。进入大学后，社会交往愿望在新的学习环境中被激发，他们开始主动交往，以社会交往他人对自己的认同、接纳、理解和尊重。当这种美好愿望无法达成时，他们就陷入了迷惘、担忧、孤寂和空虚的心境中。互联网的使用，对这部分学生是有益的。网上聊天、发送电子邮件等活动成为他们结交朋友的普遍方式，利用互联网，使用自己喜欢的方式进行交流，寻求内心的平衡，减轻或消除人际交往中的焦虑和不安，以满足交往的需要。与此同时，大学生通过网络游戏、浏览娱乐信息等活动内容，冲淡了精神上的困惑和压力，缓解了学习和生活中的紧张与焦虑。

3. 网络促进大学生自我意识的发展，增强主体意识，调节身心健康

自我意识是个体的心理结构之一，它是人类意识发展的高级阶段，是人格的自我调控系统，它包含一个人对自身的反映和改造。个体通过自我意识来认识、调节自己，在环境中获得动态平衡，寻求发展。大学生上网学习，与网络的交互作用，通过自我认识、自我体验和自我调节，对过去的行为做出审视和反省，在网络环境中削弱了自卑、内疚等不良的情绪体验，增强自尊和自我效能感。

4. 网络帮助大学生认识自我的社会角色

互联网的使用开辟了大学生认识社会的新渠道。他们通过对虚拟世界的认

识，扮演网友等新的社会角色，并从虚拟世界中社会角色的认知体验引起对现实世界中社会角色、职责及义务的思考。

二、网络对大学生心理的消极影响

1. 沉迷网络影响学业和个人成长

个体在不同年龄阶段所要完成的任务和所肩负的社会职责各有侧重，大学阶段主要的任务和社会职责就是学习和成长。网上的垃圾信息和不健康的内容挤占了大量学习时间，干扰学习质量的提高。大量的网络信息中，不乏暴力、淫秽信息，使少数学生难以抵抗诱惑，沦为网瘾者，对互联网形成依赖，进而直接导致不良的学习态度，影响学业。

2. 虚拟世界阻碍现实生活中的正常人际交往

在现代社会中，人与人之间的交往，会影响个体的品格、生活态度、心理健康等多方面的素质及行为。而在交往互动过程中，由于个体需求、方式、风格和特征的不同，难免产生一些冲突。大学生在多元化的现实世界和复杂的情境中，当自己的愿望和交往方式不能获得理想的结果，或不能以正确的态度和平静的心态处理人际关系时，就会承受巨大的心理压力，以致影响学习和生活。网络世界则给他们提供了逃避现实、淡化矛盾的"理想"渠道，通过网络来填补心灵的空虚，通过上网消磨时间、虚度光阴。

3. 网络的随意性使部分学生沉迷其中，不可自拔

不受时间的限制，对网上内容的浏览，完全可以根据个人的主观需要和兴趣爱好去选择。可是，网络交往中个体扮演了一种虚拟的角色，这种交往在体现匿名性、丰富性、想象性、自由性、情景性、平等性的同时，其道德特征却被弱化。

这种现象表明，虽然通过上网交友大学生暂时摆脱了内心的失落，但网络毕竟是虚拟的世界，回归到现实世界，仍是无法改变和摆脱的困扰。虚拟世界和现实世界存在着一定的距离，这种距离不可抗拒地要求大学生调整自我，面对现实，否则可能会面临更大的困境。

4. 暴力网络游戏助长攻击性行为

研究表明，虚拟世界中的暴力情节，助长了本来就有强烈攻击倾向个体的攻击行为，接触暴力节目或攻击情节的个体比没有接触到这种情节的人表现出更高程度的攻击行为。在现实生活中，玩暴力网络游戏的频繁程度与攻击行为呈正相关，对于那些在性格上本身就有攻击性的男性而言，这种相关性尤其高；学业成绩和玩网络游戏的时间长短呈负相关。

班杜拉的实验研究表明，儿童看了包含攻击行为的影片或玩暴力游戏后，攻击的念头和行为增加。在一个经典实验中，他将3～6岁儿童分成两组：实验组和对照组。让实验组儿童观看一个短片，内容是一个男人凶狠地拳击一个充气的洋娃娃，一边打一边大声喊叫，对照组则什么都不看。然后分别让两组儿童去玩洋娃娃。结果表明，两组儿童的行为有明显差异。实验组儿童会更多地模仿短片中的人物，对洋娃娃拳打脚踢并大声吼叫；而对照组儿童则很少出现这种攻击行为。之后的实验进一步表明，若儿童看到某人的攻击行为受到表扬，则儿童模仿攻击行为的现象更为严重。

现实中大量令人震惊的事例，也说明了虚拟世界中的暴力情节助长个体的攻击行为。1999年4月20日，在美国科罗拉多州一所高中里，两个高中生开枪打死了13人，打伤23人，然后开枪自杀。事发前，俩人沉迷于玩血腥的"死亡"电子游戏，该游戏是美国军方在训练士兵有效攻击时用的。在游戏里，有两个射手，每个人都有出色的武器和无限的弹药，用来射杀那些不能还击的人。玩这种游戏不到一年后，两个少年就把剧情搬到了真实的生活中，制造了这起悲剧。

三、网络对大学生产生消极影响的原因分析

1. 行为强化

人类的攻击行为不是与生俱来的，而是后天习得的，学习的方式有两种：直接学习和观察学习。直接学习是通过自己亲自操作而学会某种行为；观察学习是通过观看别人操作而学会某种行为。不管是直接学习还是观察学习，都必

须得到"强化"才能实现。"强化"就是让行为者体验到或观看到某种行为的好的结果。某种行为若能产生对行为者有利的，能让他获得满足、快乐的结果，那么他就会学会和维持这种行为。强化有三种，一是外部强化，包括实物奖赏和社会性奖赏，如物品、钱等属于实物奖赏，声望、名誉、权利、地位是社会性奖赏。互动性、参与性暴力电子游戏就能使人的暴力行为得到这种强化，如你获胜后，能得到电脑提供的语言夸奖、更多的"弹药"、对手的夸奖、同伴中声誉的提高等。二是替代性强化，就是看到别人的某个行为得到了好的结果，你就学会了这种行为。在影视节目中，当你看到某个人物的暴力行为，使他成了"英雄""大侠""大富翁"而十分风光时，就受到了替代性强化，使你开始崇拜和模仿暴力行为。三是自我强化，就是做了某个行为后，自我感到快乐，有强烈的自我满足感和成就感，那么这种行为就会长期保持。在互动性电子游戏中，当你打败对方时，就会得到这种自我强化。

2. 行为泛化

经验和研究表明，人的行为定型后，即习惯形成后，就会在几乎所有类似场合不由自主地表现出这种行为，我们称之为行为的"泛化"。大学生若在互动性电子游戏中习得了攻击行为，形成习惯后，在现实生活中，也极易出现这种攻击行为。

3. 虚拟世界与现实世界界限不清

青年人由于知识经验不多，分析评判能力较弱，有时不能清醒地区分虚拟世界与现实世界，就像学前儿童分不清童话世界和现实世界一样。所以，青年较易把在虚拟世界中习得的行为模式，复制到现实世界中。

4. 自我调控能力不足

青年人对自己的情绪和行为的调控能力较弱，有时虽然明知虚拟世界中的行为在现实世界中是不能简单复制的，可在情急之下，头脑一热，就会做了错事。

第二节 大学生网络心理问题与应对

大学生网络心理问题是指与网络直接相关的偏差行为。一般来说，偏差行为是指不良适应行为、问题行为或反社会行为等，亦指显著异于常态而妨碍个人正常生活的行为。网络偏差行为是指网络使用者在上网过程中发生的各种不良行为的总称。包括网络使用者在上网过程中出现的焦虑、强迫、依赖、逃避等消极心理，以及引发破坏、违规、犯罪等反社会行为的各种现象。

一、网络成瘾

网络是一把"双刃剑"，一方面，开阔了视野，丰富了大学生活，拓展了求知手段和交流时空；另一方面，对大学生心理健康产生了负面影响，最严重的莫过于网络成瘾。大学生网络成瘾具有信息选择失度、情感迷失、道德意志弱化、行为角色混淆、人格异常等心理状态，主要原因有追求内在需求的满足、理想与现实的失衡、不能正确对待学习压力等。面对这一问题，应从多方面着手，引导大学生走出网络成瘾的误区。

（一）大学生网络成瘾的心理表现

网络成瘾是指由于难以自我控制，过度使用互联网而导致明显的社会功能和身心损害的一种现象。网络成瘾者与赌博者非常相似，均无成瘾物质（如毒品）的作用，而产生了行为失控，导致上网者学业荒废、工作无序、生活质量下降。有研究者指出，网络成瘾最典型的症状是网上工作时间失控，网上停留时间过多，试图减少操作时间但难以自控，并为此常对人说谎，早晨醒来后有一种立即上网的需要，有关网络上的情况反复出现在梦中或想象中，多沉湎于网上论坛或网上互动游戏，而忽视现实生活的存在。网络成瘾者在网上持续浏览、聊天，成绩下滑、考试不及格、人际关系淡漠、情绪低落、生物钟紊乱、思维迟缓，20～30岁男性为高危人群。大学生正处于高危人群之列，应该正视和分析大学生网络成瘾的心理表现。

1. 信息选择失度

所谓信息选择失度是指对信息资源的选择过杂、过乱和无度。随着网络信息化的不断发展和完善，大学生对网络产生过分依赖的心理，上网时精神亢奋，下网后神情倦怠，"网瘾"难耐，尤其是不能过滤和筛选必要的信息时，常浏览一些虚假信息和错误信息等，严重损害身心健康。有研究者曾一针见血地指出："一个人接受的信息超过他能处理的极限时，就可能导致行为紊乱。"严重的会导致精神障碍，危害程度不亚于酗酒和吸毒。

2. 情绪紊乱

情结绪对于人们的认知活动有着重要作用。快乐、兴奋、喜悦等正性情绪，能够促进认知活动，优化人际关系，提高工作效率，维持积极健康的生活；而恐惧、愤怒、悲哀等负性情绪，则会干扰或抑制认知活动，使人心烦意乱，导致心理失衡，工作效率降低，影响生活质量。

网络给大学生提供了一个极为广阔的交流情感的空间，和网友们可以尽情沟通。同时，网络也给他们造就了一个宣泄情绪、放纵冲动的场所。有的大学生放纵情感，忘却现实，在冷漠无情的机器面前，无法把握正确的价值评价，将自己的责任、义务、追求，丢到了九霄云外，甚至不顾一切地追求感官刺激带来的短暂享受。网络成瘾使一些大学生心理闭锁，情感迷失，已经成为明显的心理问题。

3. 道德意志弱化

数据网是由所有的虚拟身份组成的。在计算机空间，网络主体身份注定能够通过许多"世界"而创造一个新的"自我"。这就使得上网和网上言行具有极强的隐蔽性。由于网民之间没有现实社会的人际、法律、道德、舆论的约束，亦不需要面对面地打交道，上网的人往往都缺少"他人在场"的压力，"快乐原则"支配着个人欲望，日常生活中被约束的人性中假、恶、丑的一面，会在这种无约束或低约束的状况下得到释放宣泄。因此，沉溺于网络的大学生往往丧失有效的道德判断力，责任观念淡漠。

4. 行为角色混淆

每个人都要扮演不同的社会角色,按照角色规范去演绎自己的人生历程。然而,在网络世界中,人们无法了解对方的表情、语言,无法了解对方的社会地位、身份、职业、年龄、性别等,却可以随心所欲地扮演理想的"自我",把虚拟的角色当成现实的角色。在这种网络交往中,不少大学生感到孤独、苦闷、压抑,甚至消沉、萎靡不振,不关心他人,缺少安全感,个人主义盛行,影响了正常的社会交往。因此,网络常常使大学生混淆现实角色和虚拟角色的界限,造成心理错位,行为失调,损害了大学生心理健康。

5. 网络人格异常

人格异常是指人格的不稳定状态。大学生沉溺网络,不能有效实现客观现实和虚拟现实间的角色转换,从而造成认知扭曲、情绪紊乱、行为失调等,进而造成性格改变,自暴自弃。受戒断心理的干扰,大学生的网络人格很容易发生改变,上网时间失控,行为不能自制,时常焦虑,情绪剧烈波动等,一段时间不上网,就会烦躁不安,双手颤抖,不可抑制地想上网,上网后精神极度亢奋并乐此不疲,进而导致人格的异常。

(二)大学生网络成瘾的原因分析

1. 追求内在需求的满足

生理成熟的大学生,已经达到性觉醒的年龄。他们常常想到性的问题,产生性幻想等。所有这些都是正常的,合乎生理与心理发展规律。在现实生活中,学校很少开展性教育,家长把这些问题看作洪水猛兽,在正常的人际交往中,又羞于启齿。他们无法从正常渠道得到相应的信息,不能发泄正常的感情。而网络则提供了虚拟空间,他们可以在这里寻求寄托,解除苦闷,倾诉心声,获得情感需求的满足。

2. 理想自我与现实自我的失衡

现实时大学生活与他们想象的美景相差太远,难免产生不满足感。大学校园里,师生之间、同学之间的关系不如中学时亲密无间,焦虑在无形中产生。

如果再遇到矛盾、打击、挫折等不愉快的事件，本来就很脆弱的自我控制和自我调节的能力，便迅速陷入低谷。网络所提供的虚拟空间，顺理成章地补充了现实的不足。随着网络依赖的加重，逃避上课，荒废学业，不思进取，性格孤僻，几乎不关心现实发生的一切。

3. 不能正确对待学习与考试压力

大学生在校期间，学习任务较为繁重，毕业时面临就业等种种压力，使大学生产生紧张、恐惧、焦虑、抑郁等情绪。大学生遇到烦恼和心理问题时，没有勇气找心理医生或心理辅导老师，也不愿意向熟悉的老师、同学或朋友倾诉，于是诉诸网络。许多学生一旦上网就忘记了他们上网的目的，转而玩游戏、聊天、无休止地浏览各类信息，以掩盖学习的压力。越是逃避，成绩越差，成绩越差，就更加逃避，导致恶性循环。

（三）大学生网络成瘾的教育对策

1. 更新教育观念，培养意志品质

针对不同情况，在上网之前，引导大学生确立明确的具有积极意义的目的，必要时，可以帮助他们把任务写在纸上，限定时间，坚决落实。不在网上"闲逛"，拒绝诱惑，斩断对网络的迷恋，逐步引导网瘾大学生，走出误区，实现心理平衡。

2. 增强心理防范，规范网上行为

培养大学生网上安全防范意识和主体责任意识，使其摆正上网心态，遵守网络规则，增强道德与法制意识，健全网上行为规范，做遵纪守法的好网民。众所周知，网络社会特有的网上垃圾，分散着人们的注意力，消磨着人们的意志，对于这一切，都必须给予必要的约束，加强技术控制，优化网络管理。使大学生既能享受到网络带来的方便，又能防止网络带来的负面影响，心身健康、愉快地成长。

3. 丰富校园文化，加强自我教育

校园文化是具有校园特色的精神环境和文化氛围。它对大学生的影响比网络文化具有更大的优势。校园文化对学生的教育功能，是根据他们心身发展的规律，进行系统的思想教育、高雅的审美熏陶和扎实的技能培养。校园文化集中体现着学校成员共同的价值观念，像一根无形的纽带，联结着全体成员。其长期形成的传统风气，是一种潜在的物质力量，能够激励学生不断进取，使其形成科学的人生观、世界观和价值观，可以使他们在形成观念和相应的行为习惯后，去选择网络文化，消除其不良影响，寻找健康的文化生活。积极参与文娱、体育等丰富多彩的校园文化活动，有利于引导大学生发展自我监督、自我调节、自我反省、自我教育、自我批评的兴趣和能力，把大学生从网络中解脱出来。

4. 加强心理咨询，完善网络人格

大学生网络心理问题，集中表现在不能正确区分现实空间和虚拟空间的关系，不能正确判断心理问题的性质和原因，不能正确处理网上的情感失控，无力抵御不良信息的侵扰，不能控制自己的上网时间等。对此，学校应按照有关文件精神，设立专门的心理咨询机构，配备专职、兼职教师，提供相应的条件，掌握心理咨询和治疗的理论与技巧，严格按照理解、尊重、支持、信任、保密等原则，针对每一位大学生的具体情况，做出科学的、认真的分析，采取对策，尽量缓解或消除网络成瘾者的心理问题，健全上网者的人格。

二、网络信息焦虑

（一）网络信息焦虑的界定

焦虑是由紧张、不安、焦急、忧虑、恐惧等体验交织而成的情绪状态。在日常生活中，任何人都可能经历过焦虑的精神状态。例如，有人在高考前紧张得睡不着觉等，但这种生活中暂时性的焦虑情绪反应并不能被称为心理异常。如果焦虑的程度与频率不断提高，扰乱了正常生活，就可能会发展成焦虑症。焦虑症与正常焦虑情绪反应不同：患者无缘无故感到紧张和恐惧，似乎某些威胁即将来临，但又说不出究竟存在何种威胁或危险；焦虑症除了呈现持续性惊恐状态外，同时伴有多种躯体症状。

弗洛伊德曾提到："无论如何，有一件事实是无可怀疑的，即焦虑这个问题是各种最重要的问题之核心。我们只要能猜中、破解这个难题，便可明了我们全部的心理生活。"可见，弗洛伊德认为焦虑是一切心理问题的核心，也是关键之所在。

网络信息焦虑就是人们不能适应网络时代、信息技术的高速发展，因无法准确获得、理解、利用信息而产生的严重的焦虑感。在信息时代，人们接收的信息数量呈几何倍数增长，但面对海量的信息，大脑来不及分解消化，人们的思维模式远没有发展到对信息的接收、运用自如的程度，由此造成了一系列恐惧感或自我强迫的情况出现，这种情况被称为信息焦虑。例如，许多人一旦遇到家中或单位网络堵塞、电视断电、电子读物无法打开等现象，就会感觉极其不适应，变得焦虑不安、心情浮躁，总担心漏掉重要的信息和新闻，害怕给工作和生活带来负面影响，并引发精神、生理上的反应，出现失眠、头痛、食欲下降等症状。

（二）网络信息焦虑的表现形式

1. 信息泛虑

信息泛虑是指人们经常会因为无法准确获得、理解、利用信息而产生焦虑的状态。在信息社会中，由于网络信息的爆炸式增长，而信息质量又无人把关，致使错误信息、无用信息、有害信息在网络中肆意散播。人们常常面对信息感到束手无策，莫名其妙地担心自己掌握的信息量不够或者自己掌握的信息已经"过时"等，不能应对自己要面临的抉择。尤其是在竞争激烈的行业，如电子商务、IT产业等，网络信息的数量和质量更是决定人们生存的关键因素。在这种新形势下，信息泛虑的表现就更加突出。

2. 信息恐惧

恐惧是指对某种不具任何伤害性的事物所产生的不合理恐惧反应，即使当事人明知道不会受到伤害，但仍然无法控制自己的恐惧情绪。信息恐惧的表现形式有两种，一种是对信息量不足的恐惧，表现为担心在信息社会的竞争中处于劣势，拼命下载、保存信息资料，而搜集的信息越多越恐惧，从而陷入信息获取的惶恐中而不能自拔；一种是对现实社会的恐惧，表现为长时间地利用网络信息技术，痴迷于网络而恐惧现实社会中的人际交流。长时间沉溺于网络的人会被虚幻的网络世界所迷惑，常常分不清现实与网络。久而久之，他们会对现实社会产生恐惧心理，恐惧与人面对面地交流，从而不能融入现实社会。

网络开辟了一种新的"交流平台"，这种交流是在表意符号意义上的交流。交流是一个互相影响的过程，人们在交流过程中改变自我。网络环境下的交流给人们提供了一个更加广阔的天地。这个交流平台具有隐蔽性、虚拟性的特征。这种特征易使自我人格发生扭曲或者异化，使人难以正确判断自己的行为方式。

3. 信息强迫

强迫行为是指即使个体行为违反自己的意志，却仍然身不由己地重复出现该种行为。人们在网络环境中也经常出现强迫行为。有时会不由自主地反复刷新页面，感觉只有这样才能获得最新、最可靠的信息；有时在使用网络交易后又担心账户密码泄露，从而强迫自己反复修改密码；有些人无法区分有用信息和无用信息，不停地保存看过的网页，浪费时间和存储空间等。信息强迫源于当事人对网络世界的虚幻性、网络信息泛滥以及安全漏洞到处存在等问题的担忧，从而产生严重的焦虑感。

（三）网络信息焦虑的应对

信息的一大特点就是能够被接收者接受、理解并利用，如果信息没有被理解，就可能引起接收者的焦虑，从而形成信息焦虑。因此，笔者认为应该从促进信息被接收者接受、理解并利用的角度入手来预防信息焦虑。

1. 加强信息过滤，建立健康的网络环境

从以上分析可以得知，网络信息的广泛性和不确定性是信息焦虑的一个重要诱因，因此加强信息过滤就显得尤为重要。首先，加强网络法律法规的制定是一种有效的控制手段。由于网络环境的特殊性，现行的法律法规对网络犯罪不能起到严格的制约作用，而专门法律法规的出台将会缓解这一局面。

建立行之有效的法律法规，明确规定打击网络犯罪的部门职责，坚决追究散布虚假信息、有害信息的网站和个人的法律责任。法律法规在一定程度上起到威慑作用，减少利用网络犯罪的可能。第二，把网络技术发展成为网络信息的"把关人"。在技术层面上，研发科技含量高的网络安全保护软件、信息发布网址的追踪软件等，对网络信息的发布实施实时监控，及时删除不良信息、虚假信息，帮助广大网民过滤有害信息。第三，借鉴国外先进经验，开辟我国网络新环境。法国政府网络文化的建设经验告诉我们，可以将政府作为公共物品的提供者，由政府打造网络的主流信息，宣传健康有价值的内容。同时可以借鉴韩国网络实名制的做法，加大网络实名的力度，将更有利于对非法信息传播者的监管。

2. 推广健康文化形式，提供多渠道的信息资源

对于现代人来说，生活节奏快、社会压力大。网络不仅是获得信息的途径，也给人们提供了多种多样的娱乐方式。因此，人们不但工作离不开网络，休闲娱乐也离不开网络。信息焦虑的产生与人们长时间依赖网络密不可分。减少信息焦虑的一个好方法就是建立良好的社会文化氛围。无论是单位、学校、社区还是家庭，都可以开展积极向上的文体活动，给人们提供更加广阔、真实的交流平台，让人们的关注焦点不仅集中在网络上，而是转移到现实生活中来。同时，社会要加大力度做好传统的信息传播媒体，如电视、报纸、广播等主流媒体，及时发布有效信息。多种信息渠道的建立可以使沉迷于网络虚幻世界的人们找到其他获得信息的途径以及休闲娱乐的新方式，从而减少对网络的依赖。

3. 弘扬中国传统文化，加强信息伦理教育

传统文化是根植于人们头脑中的、无法取代和剔除的思想源泉，因此文化对人的行为习惯的影响是不可小觑的。中国传统文化中提倡的"天行健，君子以自强不息"的精神，提倡当人们面对社会环境以及网络环境的复杂性时，应采取积极进取的精神，对于抑制信息焦虑，提高人的主体性地位就有着深远的意义。中国的伦理道德观也同样适用于网络环境。无论是儒家提倡的"仁、义、

礼、智、信",道家恪守的"清静无为",还是墨家的"兼爱、节用",无不闪烁着深刻的道德智慧和人生哲理,启发人们以入世的精神为人处事。因此,用中国的传统文化与传统伦理道德观激励和鞭策现代人利用网络信息技术,同样可以起到抑制信息焦虑的作用。

4. 普及信息教育,培养信息素养

"信息素养"(information literacy)的定义来自 1989 年美国图书馆学会(American Library Association,ALA),信息素养包括信息意识、信息能力和信息道德修养三个方面。信息意识即人对信息的敏感程度,一方面是人对信息的价值、自身的信息需要等方面的心理反应;另一方面是对信息的态度,包括对信息的质与量、社会信息环境的评价等。信息能力即获取和处理信息的能力,表现在能够及时有效地利用现代信息资源获得更多的知识,能够运用获得的信息使存在的问题得到全面、深入地解决。信息道德修养是指个体成员在信息获取、使用、创造和传播过程中应该遵守一定的伦理规范:遵守信息技术的法律法规,文明上网;不制造和传播计算机病毒;不制造和传播淫秽、反动信息;不参与盗版活动等。

信息素养是全民素质教育的需要,具备信息素养的人就是知道寻找、评价、利用和有效交流信息以解决实际问题的人。因此我国的信息教育不仅要注重网络信息使用技术的普及,同时要注重人的信息意识、信息观念、信息道德规范、信息检索与利用、信息创造等方面的内容。具有较高信息素养的人能够抵制信息异化带来的弊端,有效地化解由网络和信息引起的焦虑和恐惧,选择健康的生活方式,从而成为信息的主宰者。

三、网络恋爱

网络恋爱,简称网恋,是指个体以超越时空限制的网络为载体,与情感对象进行虚拟的情感互动过程。网恋者通过各种方法,如电子邮件、聊天工具、聊天室、论坛、网络虚拟社区、网络游戏等交流平台来表达感情。

有调查显示,大学生热衷于网上聊天的占 55.2%,一些高校调查显示,超过 40% 的大学生相信网恋有成功的可能性,近 60% 的大学生对网恋持中立态度。另外，有约 30%的大学生认为网恋浪漫，而正在网恋的大学生中有将近 50%的人持这种观点。今天，上网已成为很多人必不可少的娱乐方式和生活方式。而上网聊天对于情窦初开且电脑操作技术水平普遍较高的大学生来说，就更为普及但是，网恋的负面效应也在同时演绎着。网恋问题呈逐年上升的趋势。

（一）大学生网恋的主要特点

1. 网恋在大学校园的普遍性

中国教育和科研计算机网网络中心调查表明，目前我国国内大学生上网率，每周上网时数小于 5 小时、5～10 小时、10～15 小时和 15 小时以上者分别占上网学生的 77%、13%、6%、4%。数量庞大的大学生网民在看新闻、查信息、下载软件或资料的同时，收发邮件和交友聊天成为极普遍的现象。大学生网恋大多经过聊天、发 E-mail、打电话、见面的过程。在新浪网的一次对网络中 280 个聊天室的调查表明，这些聊天室天天爆满，走进任何一个聊天室，都会发现，感情问题是其中永恒的主题。而据抽样调查，社会其他层次上网人群的网恋比例不超过 40%。可见，较社会其他不同层次的上网人群，网恋在大学校园中比例最高。

2. 网恋比例呈现由低年级向高年级逐渐下降的趋势

据一项对 8000 多名在校学生的抽样调查显示，网恋在大学一、二年级学生中最为普遍，对网恋持赞成态度的人数占总人数的 76.7%，持否定态度的为 8.2%，而在大学三、四年级学生中，网恋人数和次数都明显减少，对网恋持赞成态度的降为 58.2%，持否定态度的为 17.3%。从中不难看出，随着年级的增长，大学生对网恋的态度越来越理智，也更现实了。

3. 大学生网恋的结局绝大多数是失败

据上海某网络公司的一项调查显示，网恋成功率仅为千分之一。绝大多数大学生网恋都因双方性格差异、生活习惯不同、学业或事业道路的分歧而以分手告终。不少学生因网恋耽误了学业，或因投入感情过多，难以承受分手的痛苦，甚至生心理障碍。

（二）大学生网恋的心理原因

大学生网络交友主要有以下特点：心理过程的有限性、对象的模糊性、时空的超越性、内容的复杂性。对于有些大学生来说网络交友不会有什么问题，反而是一种摆脱现实压力、调节情绪的好办法。但有些大学生却无法区分网络人格与现实人格，要对此现象进行思考，就需要了解引发大学生网恋的心理成因。

1. 需求心理

大学生有着各种各样的需求，如求知、情感表达、性心理表露以及自我实现等。大学生积极探索外部世界的心理倾向是相当强烈的，而网络世界恰好满足了他们的需求。

2. 好奇心理

大学生正处于精力旺盛、好奇心强的阶段，网恋作为一种新的恋爱方式，刺激了他们的好奇心。正是这种求新猎奇的心理使他们更加容易陷入网恋。

3. 补偿心理

一部分学生在高中阶段是比较优秀的，因为高考失利，便到网上寻找心灵慰藉，寻求心理补偿；或由于在现实中无法凭自身优点吸引异性，便在网上寻找伴侣；或由于现实恋爱受挫，在网上寻觅爱情。

4. 求助心理

部分大学生独立生活能力比较差。到了大学以后，许多事情要靠自己，有些学生碍于面子，不愿向同学求助而转向依靠网络寻求帮助，他们希望在网上寻觅一种心理寄托来缓解陌生感，在得到网上异性帮助的过程中对其产生好感，渐生爱意。

5. 逃避心理

进入大学以后，学生常常会在学习、家庭、社会交往、情感、就业等方面感到压力，有的大学生可能不满现状，在这种心理作用下一旦学习、交往遇到挫折就很容易产生逃避心理，从而借上网逃避现实所带来的恐惧、焦虑和沮丧，然而越是想逃避，挫折感就越强，而挫折感越强，就更加想逃避，以致恶性循环。

6. 自卑心理

部分大学生自我意识发展尚不完善，对自我不能很好地定位，盲目与人攀比，加上有些学生由于家庭的因素（贫困、父母离异）或自认为长得丑而存在着不同程度的自卑心理。网络世界可以使自己在现实生活中的失意和生理缺陷隐藏在自己精心设计的外衣之下。因此，为寻求心灵的解脱，他们往往借助网络并沉溺于网恋中。

7. 宣泄心理

随着社会的发展，社会竞争越来越激烈，社会对人才质量的要求也越来越高，这无疑加大了大学生的心理压力。而网络具有隐匿性、开放性、便捷性、互动性等特点，这给现实中有人际交往问题的大学生转移、倾诉和宣泄自己的不良情绪提供了机会和场所。久而久之，便可能由网聊发展为网恋。

（三）网恋的应对

1. 自我调节

自我调节就是学生根据自己的情况，积极配合家庭、学校的教育，做到自我先调节。大学生自己首先要认识到迷恋聊天交友、网恋等是有危害的，不仅对自己的心身有危害，而且还可能对他人造成危害。对于情况比较严重的学生，也可采取协助疗法，在他人的协助下，认识到自己已经深陷网恋，分析网恋产生的原因，制定改善、消除网恋的行动计划并加以执行，在逐渐降低上网时间（次数）的同时，培养对时间的敏感度与对自我的监控能力，为回归正常与和谐的生活提供保证。

2. 学校干预

首先，教育学生端正态度，摆正位置。要对大学生加强教育，使他们深刻认识到爱不仅是一种权利，更是一种责任和义务，必须以高度负责的态度对待恋爱。权利和责任的统一，是恋爱的基础。爱情在人生中占有重要地位，没有爱情的人生是不完美的，但爱情不是人生的根本宗旨，更不是人生的全部，只为爱情而活着的生命是苍白的。要使大学生明确坚持学业第一的观点，让他们理解，今天的学习与未来的事业息息相关，也是爱情美满的基础。那种抛开学业谈恋爱的做法，不仅有碍成就事业，也难以获得美好的爱情。

其次，开展丰富的集体活动，转移注意力。青年期个体经常涌现的性冲动，无论来自个体内部还是由外界因素引起，都必须有合理的途径加以疏导。对于一个具有成熟人格的人来说，适当的意识调节和合理的升华都是有效的处理方法。事实上，任何健康有益的兴趣活动都是转移、宣泄性冲动的有效方法。把性教育和培养大学生多方面的兴趣、爱好结合起来也是增进大学生性心理健康的有效途径。

第三，开展婚恋教育，正确认识"网恋"。对学生开展婚恋教育是一项学校、社会和家庭应共同参与的社会系统工程。针对大学生的特点，正视、处理好网恋问题，使学生从思想层面加深对网恋的认识。如开展婚恋教育讲座、集体班会、讨论课等。

最后，加强性心理、性道德教育。结合大学生的发展规律，对其进行社会价值观、道德意识、性别角色、意志品质、心理调节能力和社会适应能力等多方面综合素质的培养教育，以协调性心理发展与人格发展之间的关系，缩小性成熟与人格成熟之间的不平衡。

3. 家庭配合

家庭配合就是通过家长的帮助、关心，以及营造良好的家庭氛围，引导大学生正确对待网恋，正确使用并发挥网络的积极作用。

家长自身端正对网恋现象的态度。许多家庭对孩子的教育是"堵"、绝对地禁止，而不是"疏"。"堵"最终会造成"洪水"泛滥，导致惨重损失；"疏"则变堵塞为流畅。因此，最好的方式就是采取"疏"的方式。

家长协助制定网络学习计划。家长要引导大学生把网络变成一种有用的工具，帮助其制定网络学习计划，激发其好奇心、钻研精神。对缺乏自控能力又有强烈好奇心、喜欢接受新事物的大学生来说，适当控制上网时间，也是避免网恋的方法之一。可以规定上网聊天的时间,时间一到,必须停止。

家长为孩子营造温馨的家庭氛围。无论是上网、学习还是其他问题,家长都要与孩子积极交流沟通,商量解决存在的问题与矛盾,多给予孩子情感关爱,为孩子营造一个良好的家庭氛围和成长空间,增强自信。另外,谈到爱情时,告知其恋爱双方要真挚、真实,做好失恋时如何应对的心理准备,还要重点提到恋爱是婚姻的基础,恋爱、婚姻中最重要的是责任等,使大学生形成健康的婚恋观,拥有充分的责任感。

4. 社会支持

社会支持是指全社会都要关心大学生的成长、教育问题,即用最好的方式、最好的环境来保证他们的健康成长。建立和完善侦查网络犯罪的相关机制与法规,加强对网络使用的管理。建立更多与之相配套的法律法规,全方位地规范学生的行为。加大正面教育宣传力度,媒体、影视等宣传工具,要以正面教育、宣传为主。有关行政管理部门在这方面也要加强审查的力度,加强网络安全教育和网络道德教育,为大学生树立学习的榜样。

四、网络违法

网络违法行为指的是与网络相关的反社会行为。德国学者认为,网络违法行为指的是那些与电子资料有关的所有的违法行为;我国学者则认为,所谓网络违法指的是利用网络作为违法的场所或者利用网络来作为违法的客体所实施的违法行为。

(一)大学生网络违法的现状

我国大学生网络违法问题日益突出,案件数量呈逐年上升趋势;侵犯的客体范围以金融和商业等领域为主,犯罪表现形式复杂多样;违法后果极其严重,不利于社会经济建设以及和平安定的社会生活秩序。尤其是近几年随着信息技术的迅猛发展,关于网络方面的大学生违法更是屡见不鲜,并有愈演愈烈之势。目前,对大学生网络违法尚没有一个完整的统计,但各地区相关部门根据网络违法的现状,已开始关注、重视大学生网络违法。

•案例•

某公司向警方报案,由该公司提供服务器服务的 15 家政府网站被侵入,政府信息发布受影响。警方调查发现,某高校一名大三学生小君(化名)有重大作案嫌疑。经审讯,小君交代了作案动机和过程。原来,由于失恋,小君便想报复社会泄愤。但胆小的他不敢采取暴力方式,就想到了做网络"黑客"。于是,他用自己掌握的计算机知识,专门找到挂靠政府网站较多的服务器,非法侵入服务器,破坏政府网站。

(二)大学生网络违法的对策

提高大学生网络法治教育的实效性,自主、自觉远离网络违法,是一个非常紧迫的研究问题。

1. 加强纪律教育

纪律作为一种社会控制手段,它产生于人们的社会生活和集体生活的共同活动之中。大学生群体可以通过民主的方式制定集体成员共同遵守的公约、协定或行为条例,在一定程度上具有纪律的约束力。这种以民主协商的方式制定的规范具有较强的自治性,应当给予积极的鼓励和倡导。

大学生应当遵循的网络行为纪律主要有:遵守上网场所的有关规定;遵守公共场所的文明规范;不得大声喧哗、吵闹影响安静有序的上网环境;听从网络管理人员的规劝和管理;服从国家关于网络法律法规的规范制约,维护网络安全和网络游戏秩序。

2. 加强法治教育

完善和加强网络的刑事与行政立法,对网络不法行为进行科学界定。大学生网络法治教育要规范与秩序化,必须加强网络立法。教育部《关于加强高等学校思想政治教育进网络工作的若干意见》中,也强调:"各高校要进一步建立和完善有关规章制度,规范网络运作,加强对局域网、校园网的管理。"

当前大学生网络主体需要了解的我国网络法律法规主要有：《刑法》《全国人大常委会关于维护互联网安全的决定》《计算机信息系统安全保护条例》《计算机信息网络国际联网管理暂行规定》《电信条例》《互联网信息服务管理办法》《关于审理扰乱电信市场管理秩序案件具体应用法律若干问题的解释》《计算机信息网络国际联网出入口信道管理办法》《计算机信息网络国际联网安全保护管理办法》《中国互联网络域名注册暂行管理办法》等。加大网络管理的立法力度，是加强网络法治教育的法律保障。网络上出现的种种违法行为需要法律法规加以规范，加快网络立法是维护整个社会利益的当务之急。

3. 进行道德规范教育

预防大学生网络犯罪的道德伦理规范对策是从道德的角度来思考约束规范大学生的网络行为。道德规范的约束力主要是通过网络行为主体的内心信念、社会舆论等力量来实现的。6 种网络不道德行为包括：①有意地造成网络交通混乱或擅自闯入网络及其相连的系统；②商业性地或欺骗性地利用大学计算机资源；③偷窃资料、设备或智力成果；④未经许可而接近他人的文件；⑤在公共场合做出引起混乱或造成破坏的行为；⑥伪造电子邮件信息。我国应该根据原有的道德体系尽快制定网络行为的道德规范，倡导诚信、合理、文明、高尚的网络行为风气。

4. 积极加强当代大学生网络行为规范的养成

大学生网络行为规范的养成，是一个意识内化的过程，是大学生网络法治教育的本质要求。"内化"是指大学生行为主体，通过长期的思想塑造、行为修炼、道德自律将外在规范内化为自觉意识，从而在网络活动中，将这种内化的自觉意识外化为自觉行为。如果网络行为主体的意识不坚，恒心不够，缺乏自我管理意识和能力，就很难养成自觉的规范意识、网络法治意识。另外，大学生网络法治教育要坚持发挥思想政治工作的优势，加强网络教育"五个一"工程，即一个阵地（思想政治工作阵地）、一支队伍（思想政治工作队伍）、一系列制度（规范管理等制度）、一种氛围（诚信上网氛围）、一套机制（教育、监督、保障等机制）的建设，为大学生网络法治教育提供一个良好的教育环境和外部保证。

当代大学生群体是一个特殊的群体，其成员可塑性非常强，受环境影响非常大。而近年来持续增长的大学生违法犯罪率，不断翻新的违法犯罪类型，已经成为摆在社会、高校以及部分家庭面前的一个不容小视的问题。从犯罪心理学角度来看，大学生违法犯罪是在其违法犯罪心理支配下进行的，而大学生违法犯罪心理的形成与发展是多种因素综合作用的结果，涉及大学生家庭、高校、社会以及大学生自身。因此，进行大学生违法犯罪的心理矫正和防范必须坚持综合治理原则，从家庭、学校、社会以及大学生自身着手，积极采取措施，同时需要多方面密切配合，防患于未然。

第七章

择 业 心 理

随着我国计划经济向市场积极的转型,大学生自主择业逐步成为一种普遍的社会现象。加之我国的就业制度、用人制度改革的日益深入,许多原来由单位履行的社会职能正逐渐社会化。国家就业体制改革的目标是以市场选择为根本去向,以自主就业为主导模式,以素质能力为竞争之本,形成与计划经济截然不同的就业机制。因此,大学生就业的自主性将逐步增强,从而实现真正意义上的择业。

第一节 大学生择业的心理特点

一、稳定意识和变动意识并存

当前,在一部分毕业生的择业意识中,稳定、可靠、安逸等因素仍占很大的比重,他们找工作就是为了谋生糊口,缺乏创新、拼搏精神。但是,随着整个社会"铁饭碗"意识的淡化,职业风险意识也在提高。我们可以看到一个明显的趋势,在影响职业选择的因素方面,过去曾受到极度重视的"职业的稳定性"这一因素,越来越多地被放在次要的位置上,被排在职业所能提供的发展前景、实现自己潜能的机会与职业所能带来的高收入等因素之后。

一部分毕业生的择业意向选定在国家划拨经费的事业单位上,工资、福利等都有保障。随着社会主义市场经济体制的建立和发展,人们的自我生存意识在增强,生存发展机会在增多,单位意识在一定程度上淡化。大学生在考虑就业问题的时候,更愿意选择有发展变化的行业。于是,一些个性较为突出,具有一定知识和技能，社会生存能力较强的人，进入自由职业的行列中来。自由职业成为他们独特工作方式和生活方式的代名词。作为一种社会现象，自由职业的出现有其合理性。第一，作为一种结构分化的合理性，它是职业类型多样化的一种具体表现形式。我们的社会正经历从传统社会向现代社会转型。传统社会的一个根本特征是它在结构上的封闭性、同质性、单一性，因而缺少流动，缺少活力。现代社会作为一种更加复杂的社会系统，在结构上具有开放性、异质性、多样性，具体表现在，随着社会发展的需要，行业的类型将不断增加。与此紧密相关的是，职业的类型也会越来越细致。第二，作为一种价值选择的合理性，自由职业是多样化价值选择的结果。价值观的多样化是开放社会、复杂社会的必然结果，它将导致人们在行为方式、生活方式方面的丰富性，并进而引起人们从业方式的多样化、个性化。自由职业的出现，以弹性的方式，弥补了传统职业结构的空缺，履行了社会运行所需要的特定功能。

在一部分人的择业观念中，"一选定终身"的传统心理还占有不小的比例。与自主择业相伴而来的是，职业流动的速度和程度在加快和扩大。据北京一家研究机构的调查，在2002名16～35岁的北京青年中，有25.6%的人曾经换过工作单位。而在最近3年内换过单位的情况是：换过1个单位的人占12%，换过2个单位的人占4.9%，换过3个单位的人占1.7%，换过4个单位的占0.3%，换过5个单位的人占0.4%，换过6个及以上单位的人占0.4%。

二、被动意识与自主意识并存

一项调查表明，在选择职业时，最倾向听取意见的对象依次是自己（59.3%）、父母（19.0%）、朋友或同学（9.9%）、周围大多数人（5.8%）、新闻媒体（2.4%）、党团组织（2.1%）等。可以看到，有近六成的青年在选择职业时是自己做主的，也就是说，当今青年在择业上的自主性或者说择业上的独立意识已经达到了相当高的程度。但是，还有相当一部分毕业生在择业过程中缺乏积极性、主动性，基本上靠父母、亲戚、朋友为自己介绍、安排工作，把自己的前途交给别人。而另外一部分毕业生的自主意识和能动意识则不断凸显。

•案例•

某大四女生自述：我现在已找好了工作，还有一个月就要离校了。在别人眼里，我应该是很快乐的，基本上没有怎么费力就进了本市这家很好的单位，也有很多同学祝贺我，但我一点也快乐不起来。他们根本不知道，这家单位根本就不是我自己找的，完全是我父母一手安排的结果。其实，一开始我也想自己找，不想依靠父母，但我母亲一再说凭我现在的能力，自己根本就找不到好单位，而且，我去过人才市场，发现竞争太激烈，我也就退缩了，干脆全部由父母做主算了。

从小到大，一直都是我母亲为我安排。考大学，学会计专业，都是母亲在和我父亲商量后决定的，他们根本不听我的意见，也不管我喜不喜欢，他们总是说我年龄小，不懂事。尤其是我母亲，经常说她当年受了多少苦，才有今天；她要尽她最大的努力，不要让我再受苦。我以前中学的时候曾经因为自己做主买东西，被母亲发现后，不仅把我的东西给扔了，还打了我一顿。此后，我再也不敢自己拿主意了。我也知道这样不好，周围有很多同学都是自己做主。我也和我母亲吵过，我不能一辈子都靠父母做主，但母亲根本听不进去。有时候，我也觉得让他们做主，自己也挺轻松的。

三、实惠意识和发展意识并存

据某高校对本科生和研究生的调查表明，近90%的学生在择业时把经济收入高放在第一位。也有调查表明，大多数毕业生更强调职业能否为实现自己的价值提供机会，近年来的一些调查结果表明，当今青年择业首先考虑的因素是职业能否为自己提供良好的发展前景，能否发掘自身潜能、为实现自我价值提供机会。由此可见，人们已不再将职业仅仅当作谋生手段，自我实现这种高层次的需要正显现出来，已成为支配大学生择业的首要动因。

第二节 大学生择业的心理问题及其影响因素与应对

大学毕业是一个重要转折点。在择业时，大学生常常会出现一些不健康的心理现象。这些问题如不及时解决，就会直接影响择业的过程和结果。因此，研究大学生择业的心理问题，改变不良的择业心理，以健康的心态进入择业期，具有十分重要的现实意义。

一、大学生择业的心理问题

1. 自负心理

持自负心理的毕业生，多为一些自身条件较好，工作能力较强的学生。他们大多自我感觉良好，自我评价较高，在求职择业上，好高骛远，期望值过高。主要表现为：职业取向较高，择业挑三拣四，消极等待，自视清高等。究其原因，是他们缺乏客观的自我分析和自我评价。一旦产生这种心理，就很容易脱离实际，使自己的择业目标与现实之间产生极大的反差，从而在择业时缺乏自知之明，失去良好就业机会。

2. 自卑心理

自卑的人总觉得自己不如别人、悲观失望、胆小、畏缩、不思进取、没有信心。一些性格内向、不善言辞、敏感多疑的学生，或一些学业成绩一般甚至曾受过处分的学生，面对就业市场的激烈竞争，对自身能力缺乏了解、缺乏勇气、不敢竞争。他们往往对所选职业拿不定主意，或者在用人单位面前过分谦虚，不敢对能胜任的工作大胆说"行"，总是"试试看"，从而错失择业良机。

3. 从众心理

从众是个体在社会群体压力下，放弃自己的意见，转变原有的态度，采取与大多数人一致的行为。个体在解决某个问题时，一方面可能按自己的意图、愿望而采取行动，另一方面也可能根据群众中大多数人的行为而采取行动策略。知己知彼，百战不殆，而部分大学生在择业时，对自己所选择的行业、岗位没有明确的定位，不了解自己的优劣势，缺乏主见，面对来自四面八方的求职信息、人才交流会、招聘会不知所措，人云亦云，盲目从众，一窝蜂地追求热门单位、热门地区，忽略了个人条件和可能性，给求职带来困难。

4. 依赖心理

大学生崇尚自我价值的实现，可在择业中又缺乏自主性，存在很强的依赖心理，主要表现在对社会、学校和家庭的依赖。部分大学生的观念仍停留在"统包统分"的就业方式上，不能主动适应市场经济的要求，消极地等待单位选择，等待学校安排，存在依赖思想。相当一部分学生把希望寄托在父母身上，希望通过父母的努力为自己安排一个好的单位，仿佛不是毕业生自身求职，而是父母亲属在求职。这种依赖心理所反映的社会问题令人担忧。

5. 焦虑

有调查显示：大学生在毕业前感到烦躁、紧张、无奈和悲观的人数比例分别为31.7%、33.7%、34.2%和13.4%；在"对于即将走向社会，你的感觉如何"一项，表现出不太适应和很不适应的学生占75%；在"对找工作你是否有信心"一项，表现出缺乏信心的占56.9%。另有调查发现，88%的大学生在求职过程中感到"对未来不可知"，84%的人"对步入社会感到恐慌"。由此可见，当代大学生面对就业和步入社会深感焦虑。当前大学生求职呈现出多元化的趋势，职业选择自由度越大，选择行为的责任越重，择业心理压力也就越大。不少学生把人生的憧憬和前途的希望都放在了毕业分配上，他们既希望能尽快走上社会，谋求理想职业，又担心被用人单位拒之门外，怕自己在择业上的失误会造成终身遗憾，有一种就业恐惧感，对走上社会感到心中无底。

6. 求稳、怕苦心理

一些大学毕业生的求稳心态十分普遍。他们通常在用人单位面前唯唯诺诺，不敢自荐，对自己能够胜任的工作，却推说不行，怕别人嘲笑自己。对职业的选择崇尚"三高"标准，即起点高、薪水高、职位高，看重用人单位的工资福利待遇、工作环境，缺乏同甘共苦的创业精神，对自己能为企业付出多少考虑较少，对工资待遇考虑较多。不少毕业生畏难怕苦不愿到一线工作，不愿到中、西部地区及艰苦行业工作，宁肯改行、待业也不愿意到急需人才的基层单位工作，而自身又缺乏管理岗位必要的实际经验和能力，结果严重影响择业的成功率。

7. 攀比心理

攀比心理通常是以"自我"和"虚荣"为基础的，追求的是"别人有的我要有，别人没有的我也要有"，以显示"公平"，甚至我要好过你，以此来获得心理满足。有的大学毕业生择业时，缺乏对自我的客观分析，不是从自己的实际情况出发，而往往是以周围同学的择业标准来确定自己的就业标准，即使有非常适合自身发展的单位，但因为某个方面比不上其他同学选择的就业单位，就放弃了。盲目攀比的结果只会是错过成功的机会。

二、大学生择业问题的影响因素

1. 客观因素

社会价值导向对大学生择业观的影响是不可估量的。市场经济要求等价交换和竞争，它唤起人们的热情和积极性的同时，也促使人们最大限度地追求个人的物质利益，实现人生价值。人们普遍认为，获得高薪的工作职位即实现了自身价值，职业待遇的高低成了衡量大学生价值的尺度，使大学生在择业过程中出现了个人主义和功利主义的倾向。

家庭因素，如父母的价值观、家庭经济情况等直接影响大学生的择业观。有的学生来自于偏僻落后的农村，父母把改变自己人生的希望全部寄托在子女身上，希望孩子能够在一个远远高于自己的生活环境中生存发展。而下岗职工则可能希望子女大学毕业后能获得一份报酬优厚、风险性较小的工作。多数家长希望子女毕业后能到层次较高的单位，不希望子女碌碌无为、平平庸庸。所以，这些学生在择业时必然要考虑物质利益，更重视社会地位和生活环境。

另外，就目前我国高校教育体制而言，还不能完全实现大学生从学校到社会的顺利过渡，无法让他们从心理准备到综合能力上完全满足、适应社会的要求。这也是大学生择业问题影响因素之一。

2. 主观因素

大学生是一个特殊群体，有其独特的心理结构和人格特点。大学生主体意识较强，在探寻人生价值过程中崇尚"自我"，主张"自我选择""自我成才""自我发展"，突出强调个人价值，追求独立人格。在贡献和索取之间，在义与利的价值选择上，大学生的商品意识日益增加，功利色彩日益浓厚，追求"务实"。表现在择业上便形成了追求个人价值实现、才能的发挥和较高的物质待遇，寻找良好的工作环境。他们已经一反过去那种"到基层去，到边疆去，到祖国最需要的地方去"的"老三到"转为"到外资企业去，到国外去，到挣钱最多的地方去"的"新三到"。他们走出校门，进入社会，总希望尽快找到实现自我价值的场所。但是，面对社会复杂环境，以及就业环节中的种种压力时，他们有的还不善于调整自己，不善于克服"危机"，因而容易出现心理失衡，出现择业困难。

三、大学生择业问题的应对

1. 物竞天择，适者生存

当代大学生要想顺利求职，就必须准确地认识自己所处的时代：这是一个全球化的市场经济时代，这一经济的法则是——物竞天择，适者生存。有人把其比喻为"狼与羊"并存的竞争时代。在这个时代里，作为羊，要想生存下来而不被狼吃掉，就得全力以赴地跑；作为狼，要想生存下来，也必须快跑，去追到羊，否则就会被饿死，所以无论是羊还是狼，要想生存，都必须尽力快跑，这是时代的主旋律。处于择业阶段的大学生要时刻牢记这一时代特征，时刻准备着全力以赴地参与竞争。不仅要有多次择业的心理准备，而且要时时树立可能被淘汰的危机意识。不断学习，提高择业的资本。

2. 认识自我，准确定位

"成功者起自自我分析"。大学生求职择业前要正确地估计自己的优势和劣势，明确自己在择业中可接受的范围，制定自己的人生目标，将近期的求职目标与远期的人生追求有机地统一起来，少走冤枉路，让第一次择业成为自己职业生涯的起点。在择业过程中有必要对自己的长短优劣做分析，使自己的长处得以充分展现，并根据自己的长处和优势选择职业。最好的方式是借助职业咨询师的指导来定位自己，减少职业误区，增加成功概率。

·案例·

某大四男生自述：还有 4 个月我就要毕业离校了，周围有很多同学都已经好好了工作单位，可我到现在工作还没有落实，心里很着急，看到已经找好工作的同学快乐的样子，我心里就更着急了。

现在人才市场很多，这本来是好事，像我们这样的毕业生可以有较多的选择空间。但里面什么人都有，招聘技术岗位、管理岗位的，和招聘清洁工、促销员的在一起。这算什么事嘛！我真不明白，为什么不按人才类别、人才档次来安排招聘呢？我发现很多招聘人员以貌取人，说是招聘人"才"，实际上是招聘人"貌"，有些人看见漂亮的女生，就热情相待，看见长相普通的男生，就冷眼相向。有些单位，明明是招聘技术岗位，也要求身高、长相，还要善交际。我们周围有很多同学为了参加招聘会，借钱买新衣服，还特意到理发店去修饰一番。我很反对这样的迎合别人。我就想凭借真才实学得到别人的认可。

3. 保持"平常心"

高等教育普及化的今天，大学生已经走下了神坛，不再有天之骄子的光环。大学是人生成长的必经阶段，而大学文凭只是这个阶段里留下的一个符号而已。

大学生要正确认识择业，要懂得选择是人生的常态。求职、择业在 21 世纪也是每个人的生活常态，大学生也不例外。大学生毕业求职只是人生的众多选择中的一次选择而已，不要被大学毕业的初期求职和择业吓倒。同时大学生也要牢记，选择有时没有对错，一旦选择了就不要后悔，人生成败关键看怎样把握，怎样借力，怎样总结经验教训，"君子善假于物也"。还要知道人生必然会有挫折，择业也一样。成功的人生就是在接受、反思、超越中度过的。

4. 相信自己

自信是人生成功的起点。在择业问题上，许多大学生在择业初期产生自卑心理是正常的，但不能持续自卑，很多时候，可能就是由于缺乏自信心，许多机会就从身边溜走了。要学会自卑感的调适——懂得自信是人生成功的第一秘诀，更是大学生求职创业的起点。

5. 放下包袱，选择无悔

中国有句俗语叫"男怕入错行，女怕嫁错郎"。不少同学毕业求职初期怕自己入错行，往往会感到无所适从、不知所措，迷茫恐惧。尤其是面对用人单位严格的录用程序：笔试、口试、面试、心理测试，更是经常胆战心惊，患得患失，结果无法发挥出自己的真实水平，导致择业时心理的极端焦虑现象。对此要正确认识市场竞争的现实性和残酷性，放下包袱，排除焦虑，乐观面对每次求职选择。因为市场经济就是选择经济，生活在市场经济中的每个人，求职、择业是要伴随一生的常项工作。同时要知道有竞争必定会有成功和失败，大学毕业生的求职过程就是风险的选择和承担责任的过程。要学着做到选择无悔。

• 案例 •

某大二男生自述：我现在在学计算机专业，刚开始学得还不错，但最近越来越感觉自己的兴趣不在计算机上，因此，看书的时候总是分心走神，这段时间越来越看不下去书了。

高中毕业时我考入某医科大学读医学大专。现在想起来，那是我最难忘的三年时光，那时候，成天是一个书包，一瓶水，一个饭盒，表面上生活很单调，但内心里特别充实。毕业时，父亲和我商量，学计算机不仅就业空间大，而且收入也比医院好，就这样选择了现在的计算机专业。

入学后，我发现成教本科毕竟比正规本科要低一等，找工作肯定竞争不过他们，因此，在我看来，摆脱成教身份的最佳出路就是考研究生，如果我报考计算机专业会有一定的专业优势，因为我现在学的就是这个专业，但我又对计算机专业没有兴趣；如果报考医学专业，倒是又可以再去从事我感兴趣的领域，但我现在学的是计算机，专业优势就没有了。而且现在考研竞争也很激烈，我也很担心，万一考不上怎么办。另外，我的家庭经济条件也很困难，我也很想本科毕业后先找一份工作，经济上先独立起来，再准备考研，但如果不考研就找工作，又很难找到一份满意的工作。

我的性格很内向，从小就很少自己独立拿主意，办事一直犹犹豫豫。我现在到底是考计算机专业研究生，还是报考医学专业研究生，还是本科毕业找工作，就是拿不定主意。这种状况也使我目前无法集中注意力专心学习。我很担心，再这样下去，我会一事无成的。

6. 承认现实，适度调适嫉妒心理

在求职过程中有些大学生对他人的成就、特长或优越的地位持既羡慕又敌视的情绪。这种心理的主要特征是把别人的优越之处视为对自己的威胁而感到愤恨不平，于是借机贬低、诽谤对方来达到自我的心理补偿。这实际上是一种自我折磨。强烈而持久的嫉妒心，往往是在对方不知情的状态下的自我情绪体验。对自己的不足要敢于承认和接受，并设法弥补。做人诚实、坦荡，是立身之本，诚实的人一生光明磊落，如果别人在某些方面确有优势，而自己明显不足，就要坦然对待，审时度势，下定决心提升自己去超越对方，或转移竞争方向，在其他方面努力做出成绩。大学生应有这样的胸怀，欢迎别人超过自己，更要有勇气超过别人。

7. 千里之行，始于足下

当代大学生普遍缺乏生活的历练。在求职过程中，大城市的毕业生不肯吃苦、不愿出远门，或者只去起点高、薪水高、职位高的岗位。同时希望所选择的工作要名声好一点、牌子响一点、效益高一点、工作轻一点、离家近一点、管理松一点。这是典型的贪图享受，怕吃苦的表现。要让大学生克服这种心理，首先要从思想上认识到能吃苦是一个人最基本的能力，不吃得苦中苦，就不能成为事业的成功者。

总之，树立正确的择业观和人生观，只有主动走出求职心理误区，才能以最佳的心理状态去迎接就业这一人生的重大选择。学会冷静地认识自我，认清形势，调整择业心态，把自我人生的规划与社会发展需要结合起来，把命运真正地掌握在自己手中。

第八章

创 业 心 理

鼓励大学生自主创业是我国教育政策的重要环节,也是教育理论界一直关注的热点,但创业是艰苦的,不仅会遇到各种困难,而且还有失败的可能,所以在创业过程中拥有良好的心理素质十分重要,对此需要我们给予更多的思考和关注。我们应根据创业、创业教育的有关理论及与成功创业者的个别深度访谈,研读著名企业家的人物传记等方法,从大学生创业的内涵出发,来探讨大学生在自主创业过程中所需的心理素质。

创业是发现和捕获机会、整合资源以创造和实现其潜在价值,从而获取商业利润的活动或过程。创业对实施科教兴国战略,全面建设小康社会具有重要的现实意义和推动作用,而创业人才心理素质是影响创业活动的关键因素。

创业在某种程度上也意味着"创新",创业有风险,需要人的勇气和胆识。创业会遇到挫折和失败,需要人的意志和毅力,这一切都是心理素质的体现。有关专家建议,青年人尤其是大学生创业者,一定要首先拥有"心理资本",即做好充足的心理准备。心理素质是影响创业的主观因素,也是制约创业能否成功的关键因素。良好的心理素质包括具备健康的心理和心理调适能力。

创业是艰难的,成败并存,是对个体全面素质的检验,尤其是对心理素质的考验,从创业的准备、初始阶段,到创业的坚持,直到最后创业成功,都必须有良好的心理素质。所谓心理素质,是指个体在心理方面较稳定的特点,心理素质主要由认知、情感、意志、个性几个相互联系的要素有机构成。而创业心理素质是指个体在进行创业活动时所表现出来的相对稳定的心理特点,是指创业者创业所必需的各种能力、品性、习惯等各方面的综合性素质，是个体确立创业计划，实现创业行动，躲避创业风险，扩大创业规模等各个环节不可缺少的心理品质。

大学生创业心理有"实然"和"应然"两种状态，实然状态指客观现实状态，应然状态指理想状态，大学生创业心理教育就是通过外界干预和大学生的主观努力，实现"实然"向"应然"的转化。

第一节 大学生创业的心理实际状态

一、积极的心理因素

1. 对创业的认知趋于理性

相关调查结果显示，对于大学生是否应该创业，大部分学生持认同和积极支持的态度，占93.78%，其中有38.87%的学生表示积极支持。对于自己是否考虑过创业，其中多数学生（73.2%）考虑过，10.11%的学生正在创业或者已经创业成功。对于大学生创业前景的预测，过半数的学生（63.01%）表示还不错，但存在一定难度；20.38%的学生认为难度很大；12.43%的学生对创业是充满信心的。从对创业的基本态度来看，大学生对于创业的难度有较为客观的认知，对于创业过程中的困难具有较为理性的认识。

2. 创业动机较强

调查结果显示，大学生创业动机较为明显，特别是在"获得更多的个人空间""把创业当成一种挑战""为家人提供生活保障""可以自己做决策"四个方面有着较高的创业动机，同时也有大学生把创业作为积累经验、完善自我、发展自我的过程。综上，大学生创业并不是盲目从众和冲动，而是对此有清醒的认识，目的明确且带有倾向性。

二、存在创业心理困难

大学生创业心理困难主要是指大学生在面对创业时个体的动机、认知、意志、情绪、兴趣、人格、能力等产生的不适应的心理状态。具体表现在认知、情绪和行为等方面。

1. 认知

很多大学生虽然崇拜像比尔·盖茨、马云等成功人士，但是却不会轻易走上创业这条道路，这与大学生对创业的看法有关。

（1）很多大学生认为创业不能学以致用。大部分大学生担心自己的创业项目与自己大学期间学到的专业知识不相符合，以致对创业产生排斥心理。

（2）很多大学生惧怕创业风险。创业风险大，成功率不高，这是不可否认的事实。据报道，大学毕业生初次创业的成功率仅为 2.4%。这种高风险、低成功率致使很多抱有创业想法的大学生知难而退、望而却步。

（3）部分大学生过度自我贬抑。部分大学生认为总是低估、轻视自己的能力，对未来失去信心，过度自卑的心理使其为自己寻找客观理由躲避创业的机遇，宁可安分守己地给别人打工，也不愿意承担责任、开拓进取。

2. 情绪

目前，很多大学生对自主创业在情绪上表现为焦虑和恐慌，创业意志不坚定，心理适应能力不强，真正敢于投身创业实践的学生少之又少。

（1）情感上过于依赖他人。缺乏社会经验的大学生，没有足够的磨练自己的机会，思维情感也不能脱离群体而存在。在创业初期，大学生面对领导者的角色，往往措手不及。

（2）心理适应能力弱，创业意志不坚定。在创业过程中，创业者会遇到各种各样的困难和问题，大学生的抗压能力较弱，遇到困难可能很容易使其失去原有的创业积极性，创业意志不坚定会导致半途而废的现象。

（3）情感动机出现偏差。目前，很多大学生创业动机仅仅是为了不使自己成为一名失业人员，而不是抱有强烈的创业激情，更多的是无奈之举。

3. 行为

尽管许多高校都加大开展自主创业教育的力度，但真正付诸实践、自主创业的学生数量极少。主要表现在以下两个方面：

（1）逃避创业。某些有创业想法的大学生，在真正要付诸实践之时却寻找各种客观的理由，以资金不足、缺乏经验、信息不足、缺乏核心技术、身体不适等借口逃避创业。

（2）盲目创业。在媒体的宣传造势下，创业对于大学生来说成为一件既新鲜又刺激的事情，甚至某些大学生形成一种幻觉，认为创业是名利双收的捷径，以致没有经过深思熟虑、未对市场进行充分的调研，就盲目地制订创业计划。

第二节　大学生创业所需的心理素质

一、敏锐的商业意识

"在学校时我就有过创业方面的经历，很多精力放在了竞赛、创业活动等方面，当时还参加了清华的创业大赛获了奖，但是为什么毕业后创业却这么难呢？我总结了几点。"大学生创业者从宇对我们说，"刚出校门的大学生在市场定位和产品定位上把握不准，这就会造成重复建设，市场是深不可测的，作为一个创业者，把握机遇的素质是必备的。"在识时务者为俊杰的生意场上，眼光起了决定性作用。很多资金不多的小创业者，都是依靠准确抓住某个不起眼的信息而挖到了第一桶金。对创业者来说，注重培养敏锐的商业意识，远比积累财富更重要，因为财富可在瞬间赢得或失去，但商业意识永远是赢得未来的无形资本。

二、果断的行为能力

行为是受人们心理、意识、思想支配产生的外在反应，果断、勇敢、敏捷的行为特征能帮助创业者抓住每一次机会，一步步迈向成功。犹豫不决、踌躇不前只会错失良机。当下，我国的市场很大且处于起步阶段，机会很多，赢得财富的关键在于能否把握机遇。但在创业界，往往是机会与风险并存，想要在竞争激烈、机会稍纵即逝的商海中生存，大学生创业者除了诚实可信还必须要有魄力，敢于抓住商机，即使没有十足的把握，也应果断地尝试。有的大学生自卑胆怯、患得患失，不愿为也不敢为，缺少这种应有的胆量和能力，严重阻滞了创业成功。在 2010 年广东省各高校大学生的商业策划决赛中，选手们纷纷展示了自己的创业计划，但即便是一等奖获得者也表示自己的计划是"空想"，近几年不会考虑创业。而评委则认为他的作品是所有参赛者中最具操作性的。专家认为之所以会出现这样的现象就在于现在有创新精神的学生自信心不足，而创业是需要激情和信心的。

三、抗击打能力

大学生是拥有较多知识技能的年轻群体，他们朝气蓬勃，对创业前景充满了信心，表现出一定的自信。认为自己学历高，具备高水平知识技能，有敏锐的商业嗅觉，但由于缺乏创业经历，对于创业过程中存在的诸多困难估计不足，做决策时全凭直觉，盲目的选择最终导致退缩或失败。可大学生一旦遭遇失败就缺乏耐心，只要有一个困难不解决，一个障碍迈不过去，就可能放弃。小李是某院校艺术设计专业的高才生，去年毕业后与两位同学一起创业，做起了乐器代理的生意。一开始店里的生意很不错，但随着时间的流逝，欠缺社会经验、经营方式不够灵活、遇到挫折容易灰心等缺点就慢慢突显出来，生意一落千丈。他们都觉得身心疲惫，想要放弃。因此，大学生创业者要注意培养自己的抗击打能力。

四、强烈的成就动机

研究者指出，一个人的目标、意向和期望对其活动方向和成功都具有强有力的影响。意欲所往，则无往不达，假如你知道自己要去哪儿，你最终达到该地的可能性就会大得多。高层次的需要、强烈的成就动机与高雅的兴趣爱好是创业的强大动力。需要有多种内容和不同层次，自我实现是最高层次的需要，成就动机是指内心有强烈的实现个人价值、取得事业成就的动力。想创业的人是想成就一番事业的人，即有雄心壮志和抱负远大的人，他们为实现人生价值，不甘平庸、锐意进取。因此高层次的精神需要与由此产生的强烈动机，使人产生坚定的意志和坚强的决心，以良好的心理状态实现自己的最正确的动机、坚定的信念是创业成功的前提。

成就动机、坚定的信念是创业行为的"发动机",它是推动个体从事创业实践活动的内部动因,是一种内驱力,具有较强的选择性、倾向性、主观能动性,这也是创业行为产生的前提。创业动机、信念的形成和发展在很大程度上能直接引导创业行为,激发潜能、拓展潜能和实现潜能,进而帮助个体获得事业上的成就。

五、敢于创新的开拓精神

创新是一个民族发展的动力,也是一个企业生存和发展的动力。谈及创业,创新是必不可少的要素。今天的市场竞争十分激烈,没有创新能力就会被市场无情地淘汰。创新就是要做到人无我有,人有我优。

在某种意义上,创新决定了创业成功与否。这其中包括技术创新和思维创新。对于想利用技术创新创业的大学生来说,专家认为必须具备以下条件:具有自主知识产权的发明创造;该发明创造可转化为市场产品并具有广阔的市场前景;有可靠的资金来源。开拓创新能力是成功创业者最重要的能力之一。开拓创新是创业的灵魂和赢得竞争优势的关键。一个优秀的创业者必须勇于开拓、敢于创新,当代大学生应当不断提升自己的创新能力。随着我国由计划经济向市场经济转变,尤其是知识经济时代的到来,创业被赋予了时代色彩,包含了知识的创新,科学技术的创新。"知识创新的中心在大学和企业",创业也好,创新也好,重在"创"字,即开创旁人或前人没有的道路,在于创造性思维的发挥。创造性思维的培养,应该是教育的重要内容。有创新,才有创业,进行创业教育,才有创业人才甚至创新人才,才有创业的成功。因此,大学生创业者不仅要掌握各方面知识,具有良好的道德品质和学识能力,还要学会创新、培养创新思维、提高创业能力、掌握相关知识和技能,为创业做好准备。

六、善于自我调适

"水因地而制流,兵因敌而制胜。故兵无常势,水无常形;能因敌变化而取胜者，谓之神。"面对市场的变化多端，竞争激烈，创业者能否因客观变化而"动"，灵活地适应变化，成为大学生创业成功的关键所在。

创业者必须以极强的信息意识和对市场走向的敏锐洞察力，瞅准行情，抓住机遇，不失时机地、灵活地进行调整。在外部环境和创业条件变化时，能以变应变。善于进行自我调节还应处理各种压力。能用积极态度看待来自工作和生活的压力，冷静分析、控制压力，找出原因，缓解压力，甚至消除压力。能够保持平和的心理状态，勇敢地面对压力，力争将不利变有利，将被动变主动，将压力变动力。具有较强的适应性，还应做到"胜不骄，败不馁"。在创业之初，就应做好失败的准备。要善于总结和吸取失败的教训，承认暂时的失败现实，做出适当的调整和"退却"，为将来"进攻"积蓄力量。准备失败，认识失败，承认失败，利用失败，在困难和挫折中前进，才能步步为营，转败为胜。在创业中，面对取得的成绩和阶段性成功，要善于总结，看到存在的问题，明确今后努力的方向，找出保持成功势头和不断发展壮大的成功经验，避免骄傲自满，方能做到"善胜者不败"。

第三节　大学生创业心理素质的培养

伴随高等教育的迅速发展，大学生创业、就业教育逐渐成为热点。大学生自主创业成为社会关心的热门话题，越来越多的高校毕业生把眼光放到了自主创业上。然而对于初出茅庐的大学生来说，自主创业并不是轻而易举的事，尽管国家和学校为大学生自主创业提供诸多支持和优惠政策，但受择业理念束缚、创业成功率低等因素影响，自主创业的学生并不多。在"学位等于工作"这个公式不再成立的时代，人们希望高等教育毕业生不仅是求职者，还应是成功的企业家和工作岗位的创造者，从20世纪90年代起，国外的大学生创业活动普遍受到了社会的关注，创业活动兴盛，而国内的大学生创业还刚开始起步，与国外差距较大，所以冲破思想观念和传统文化的束缚，加强大学生创业心理素质辅导就显得尤为重要。

一、大学生创业心理素质培养的必要性

1. 加强大学生创业心理素质培养是时代发展的要求

经济的高速发展，离不开创业对社会经济的促进和支持，大学生创业必然成为就业发展的趋势。联合国教科文组织在《世界高等教育宣言》中指出：为方便毕业生就业，高等教育应主要培养创业技能与主动精神，毕业生将愈来愈不再仅仅是求职者，而首先将成为工作岗位的创造者。这种全新的高等教育理念，是高等教育人才培养模式的根本变革。我国早在 1999 年就强调，要通过教育部门的努力，培养出越来越多的创业者，为社会创造更多的就业机会。2006 年初国家提出了建设创新型国家的伟大构想，此后国家出台了大量扶持大学生创业的支持政策，目前我国的学生创业机制正逐渐确立和完善，在这种体系下，市场经济的独立性、平等性、竞争性、规范性特点，为大学生主动立足市场、自主创业提供了发展机遇。但受传统就业思想观念的影响，许多大学生不敢创业、缺乏进取精神，仍然幻想能如计划经济时代那样，通过国家机制获得就业机会，为此公务员考试等成了他们就业的首选，但公务员岗位僧多粥少的现象让他们的愿望难以实现，因此，高校教育中加强创业心理辅导就成了大学生创业教育的必然选择。

2. 加强创业心理素质培养是大学生就业的必然趋势

伴随高等教育大众化进程的不断推进，高校的不断扩招，高校毕业生逐年增多。据统计，2016 年高校毕业生就业形势依旧复杂、艰巨，大学生不再有过去所谓天之骄子的优势，就业逐渐转向了买方市场，社会现有的就业岗位要想消化大批的高校毕业生就很难，各级高校对大学生就业问题也无能为力，大学生就业难现象已成了国家、社会及家庭关注的一大难题。创业将成为大学生就业的必然趋势。而市场经济自身发展的特点及社会经济发展的需要，对大学生创业提出了更为迫切的要求，所以只有加强大学生创业心理辅导，培养大学生适应社会要求的创业素质，才能缩小和社会所需人才的距离，通过主动开拓创业之路来拓宽社会就业岗位，减轻总体就业压力。

3. 加强创业心理素质培养是大学生创业能力提高的现实要求

创业活动是通过独立自主的经营活动为社会创造价值、为消费者提供产品的过程，对人才素质的要求比较高。在影响当代大学生创业成功的诸因素中，创业心理素质起着相当重要的作用，许多大学生的创业心理素质比较差，他们既不能充分估计创业的风险，又难以承受失败的打击。更为严重的是，大学生普遍缺乏创业意识和创业能力，例如管理能力、开拓创新能力、艰苦创业精神等。虽然现在很多大学生已经看到严峻的社会就业现状急需提高个人综合素质，在校期间也能够去努力学习，并主动寻找接触社会实践的机会，提高个人能力，但由于个人经验和水平的局限，很多大学生对如何走入社会还是比较茫然的，没有清晰的职业目标和明确的奋斗思路，看不到自己和社会的差距，还有些大学生有自主创业的愿望但不知从何做起，个人创业心理发展水平较低，如不会与人沟通，缺乏团队精神，没有创新性思维和敏锐把握市场动向的能力，缺乏承受困难和挫折的抗压能力，诚信度不够，责任感不强等问题，这些都对他们以后走入社会，顺利进入职业生活是极为不利的。哈尔滨工业大学心理学社的调查显示，学生们对自己的心理健康都比较关心，其中性格与气质、人际交往、成功心理学等成为他们最感兴趣的心理学话题。要想培养创新型人才，就必须加强创业心理素质辅导，完善大学生人格教育，克服大学生的人格缺陷，健全大学生心理，从而提高大学生的创业能力，使他们的就业思想由等、靠转为主动创业。国家倡导建设创新型国家，这将需要大量的创新型人才，而创新创业人才的培养需要有创新创业型大学，因此加强心理辅导，提高大学生创业能力，符合时代与社会发展的要求。

二、大学生创业心理素质培养的内容

1. 自主创业的意识

长久以来，受传统思维的影响，大学毕业生往往觉得国家机关、国有企事业单位才是他们就业的理想去向，自主创业被大学生看成单纯的做生意，类似小商小贩，对自主创业的错误认识以及大学生的虚荣心迫使他们不愿意自主创业，所以近年来公务员报考愈来愈热，自主创业的大军里却很少看到大学生的影子。自主创业还仅仅停留在意愿层面上，就业、考研依然是大学生毕业后的首选，自主创业的意识淡薄。自主创业具有很强的挑战性，能挖掘自身潜力，需要有很强的自信心，因此，自主创业意识是创业心理辅导的首要内容。

2. 自主创业的热情、自信和勇气

创业热情是创业者创业行为和创业思想的动力，是决定大学生创业能否成功的关键因素之一。每个人都有热情，但对于大学生创业者而言，就业形势的严峻以及自我实现的愿望，促使他们的创业热情更加强烈，为实现自己的理想和人生价值，改变现状，他们目标明确，希望通过创业积累财富，在实现自己人生目标的同时为社会做贡献，提高自身的社会地位，这种创业的热情是大学生转变就业观念、实现自我、展现自我的必要因素。创业极具挑战性，也是非常不易的，创业的成败并存是对大学生素质和人格品质的检验，更是对其心理素质的考验。创业中风险与成功并存，大学生要有独立、坚持创业的勇气和信心，要有迎接挑战、实现自我价值的信心，要有敢于冒险以期立于不败之地的意志，要有应对和处理创业中突发事件的能力，要有耐挫力和寻求变革、大胆创新的意识。自主创业的热情、自信和勇气是大学生创业心理辅导的重要内容。

3. 自主创业的能力

自主创业是一个艰难、复杂的过程，对创业者的综合素质以及创业理念要求很高。在当代的创业教育中，创业已经超越了创办企业的狭义概念，而是具有开创事业、开拓业绩等广义上的含义，其内涵体现了创业者的困难与艰辛，体现了创业过程的开拓与创新，因此，创业活动对创业者素质和能力的要求也越来越高。大学生在接受高等教育的过程中，除了要掌握基础的理论知识，还要通过学习培养合理的知识结构，学习和掌握一定的管理知识，了解一定的税务、投资、法律知识，能够灵活运用创业知识和专业知识，逐步养成自立、自强、进取和创新的人格品质，提高自身的开拓创新、协调协作和沟通能力，以较强的实践能力、社会交往能力促进自主创业能力的提高。

三、大学生创业心理素质培养的策略

1. 加强大学生创业意识培养

高等教育的目标就是要通过创业教育,唤醒并激发学生的创新思想、创业意识。因此,高校应以现代创业教育理念为主体,在大学生的就业指导中,逐步将创业教育提升到重要地位,教育大学生认清社会发展形势,主动适应社会经济发展新形势,树立自主创业的意识。要让大学生在创业教育中,转变传统的就业理念,树立自主创业同样可以实现理想的人生目标和自我价值的意识。目前,我国高校设置的课程较多,但主要倾向于知识传授,对技能的培养较为欠缺,大学生创业意识、创业心理素质的培养还处于起步阶段,并且有许多高校还没有开设创业教育课程,因此加快创业教育课程的开设,加强大学生创业心理辅导,培养大学生的独立思维、主动创业意识,对于缓解学生就业压力、提高学生创业成功比例、促进社会经济发展具有广大的意义。高校应通过策划、设计、组织创业实践活动,使课内课外活动相结合,加强大学生的创业意识教育,让那些思维活跃、信息灵通、实践操作能力强的学生,尽早进行创业模拟实践,使其在毕业后顺利跨进大学生创业的行列,同时带动其他同学创业。高校应为具有创新意识的大学生提供良好的教育和服务。

2. 加强大学生创业能力的培养

尽管许多高校开设了创业教育课,但创业教育往往侧重倡导,学校未能在创业实践方面探索出很好的途径。据调查,高校开设创业大赛的较多,且往往局限于比赛,活动结束后没有后续支持,获奖的创业计划大多因创业基金的欠缺而束之高阁。所以,高校应建构科学合理的创业体系,在针对具有创业意识的大学生进行创业课程培训,提高大学生创业能力的同时,还要与社会上相关企业加强联系,为学生的创业规划与企业开发搭桥,并大力筹建创业实习基地,广谋创业基金,组建创业信息咨询平台,为大学生创业出谋划策,为大学生毕业后的创业道路积累经验。此外,高校还要加大创新教育力度,提高学生的创业能力。高校可从大二起开辟专项基金,创设大学生创业项目立项申报工作,

以此激励在校大学生培养创新意识，提高创新能力；还要与当地政府部门合作，建立大学生创业园区，与当地重视科技创新的企业共同举办科技文化节或学生创业成果展。或针对有创业理念的大学生，把学校的服务机构管理机会优先提供给毕业生，让他们在实践中学习和掌握产、供、销相关知识，熟悉创业流程，为走向社会后自主创办、经营企业或实体公司，甚至从事科学技术发明或为企业提供技术服务等奠定基础。

3. 加强大学生创业人格的培养

创业活动是一项面临严峻挑战和压力的创造性事业，不仅要具有合理的知识结构，具备一定的管理、商务、税务、投资、法律、创业和专业知识，还要具备完全的人格品质，如自立、自强、创新等，以及实践能力、开拓创新、组织领导、协调协作和沟通能力、创造能力和社会交往等创业能力。因此，高校应把培养自信、自立、自强、创新人格和提升大学生的创业能力作为创业教育的核心。大学生创业人格培养与大学生的创业精神是相辅相成的，学校可以采取创业榜样激励大学生的创业人格养成。榜样示范和典型引导可以激发学生自身的兴趣，并在人格养成方面促进目标的具体化和形象化。此外，还可以通过校园文化对学生进行创业环境熏陶，校园文化可以通过直接或间接的方式促进大学生创业人格的形成，学校应该重视校园创业文化建设，在大学生中形成良好的创业氛围，因此良好的创业校园文化可以在潜移默化中对大学生创业人格的形成起到帮助作用。在大学生创业人格的养成过程中，学校的创业心理教育应针对大学生的个性特点，注重加强全面、细致、个性化的就业指导，促进学生结合自身特点构筑创业思路，规划自己的职业生涯。同时，个性化的心理咨询，有利于帮助学生在遇挫时及时调整心理状态。

4. 加强大学生心理调适能力的培养

大学生可以通过自我心理调适，更好地面对创业中遇到的各种问题，从而消除心理不适，恢复平和心态，保持积极进取的工作状态。为此，学校应加强心理健康课程的教育，结合学生心理素质的实际状况，针对学生的不同特点和需要开展创业心理辅导，引导大学生挖掘自身创新潜能。心理素质训练不仅有利于培养学生乐观的性格和积极进取的性格特征，更有利于激发他们的创业欲望，提高创业成功率，而且有利于学生培养健康的人生观和价值观。大学生是充满朝气和活力的年轻人，渴望获得创业成功的需求心理大，因此在大学既要对知识、事业有浓厚的学习兴趣，更要逐步培养较强的事业心；还要扩大视野，培养广泛的兴趣爱好，激活创新思维，学习创业过程中的各方面知识。大学生在校期间养成良好的心理调适能力，才能在日后的创业中不断根据外界变化调整自己的心态，促进心理品质的健康协调发展。

5. 加强大学生挫折耐受力的培养

勇于创新、乐观自信、团结合作、锲而不舍、不怕困难和坚定的信念等是大学生应当具有的重要品质。目前，一些大学生抗挫折能力较弱，踏入社会后，残酷的竞争会对他们的意志力造成很大影响。创业既富于挑战性，又成败并存，所以创业的历程更是对大学生心理素质的全面检验。大学生创业要意志坚定，要具有顽强的斗志和拼搏精神，能够变逆境为动力。大学生在创业过程中每一环节都会出现预想不到的很多困难，所以平和的心态和坚强的耐受力是创业成功的关键。

总之，自主创业正逐步成为大学生择业的新趋势，良好创业心理素质的欠缺是导致大学生创业难、成功率低的重要原因之一，所以大学生创业心理素质培养已成为高校创业教育中的重要环节，对提高大学生创业成功率具有重要的意义。高校毕业生是最具创新潜力的群体，加强心理素质教育可以促进大学毕业生良好创业人格的养成，并促使其真正成为创业型人才，为社会经济的发展注入创新力量，推进高校创业教育取得实效。

附录 1

心理学基础知识

无论是否能够意识到，清醒着的个体每时每刻都在进行着心理活动。心理学是研究所有心理活动和现象规律的学科，像其他学科一样，有自己完整的概念体系和研究方法。"人是如何感知光亮和颜色的""为什么有些记忆能够永久保存，而有些事情很快就忘了"等，这些问题都是心理学家感兴趣的研究主题。

心理学是一门科学。早在 1890 年，美国心理学家威廉·詹姆士就指出："心理学是研究心理生活的科学；它既研究心理生活的现象，又研究这些现象产生条件……所说的现象就是我们称之为情感、欲望、认知、推理、决策等一类的东西。"这无疑是正确的。

随着时代的发展，心理学研究已有了很大的进展。人们认识到，心理活动是通过大脑活动实现的。大脑的功能在于它可以接受外界现实的多种信息。如抽象的或具体的，视觉信息或听觉信息等。各类信息以不同的方式或多种过程在大脑进行整合，并以人类言语、动作和活动等行为方式表现出来。因此，心理学可以定义为：心理学是研究人类大脑对外界信息的整合诸形式及其内隐、外显行为反应的一门科学。

一、心理学的分类

（一）普通心理学

普通心理学是研究正常成人的心理过程和个性心理特征的一般规律的学科，是心理学最基本、最重要的基础研究。普通心理学研究心理过程的发生发展和个性心理特征形成的最一般的理论和规律,建立心理学研究最一般的方法论原则和具体的方法。普通心理学既包括过去研究中已经定论的、为科学实践所证实并为科学家所公认的理论和规律,也包括虽不一定为大家所公认,但却有重大影响的学派的理论和学说,还包括处于科学发展前沿的新成果和新发现。因此,普通心理学的内容不是一成不变的。在它已形成的理论体系上,不断地充实着新的内容。特别由于心理学尚属一门年轻的科学,这一点尤为重要。

在普通心理学的范围内,按照心理活动的基本过程和个性心理特征,还可分为感觉(视觉、听觉、触摸觉、运动觉、嗅味觉等)心理学、知觉心理学、记忆心理学、注意心理学、思维心理学、言语心理学、情绪心理学、动机心理学、智能心理学、气质心理学、人格心理学等分支基础学科。

(二) 生理心理学

生理心理学是从人体生理和神经生理、神经解剖、神经生物化学等方面进行关于心理的生理基础和机制研究的学科,是心理学基础研究的重要组成部分。生理心理学在现代脑科学研究成果和现代技术方法的基础上,揭示各种心理现象在脑的解剖部位及脑功能上发生的规律。生理心理学还包括神经心理学、心理生物学、动物心理学等分支学科。

(三) 社会心理学

社会心理学是研究个体在特定社会、群体条件下,心理、动机、人际关系发生发展及其规律的学科。社会心理学着重探讨个体社会化的条件和规律,个体的社会动机与态度的形成,人际关系和群体心理的形成与影响等方面的一般规律。社会心理学还包括民族心理学、家庭心理学等分支学科。

(四) 发展心理学

发展心理学是研究个体心理发展的规律的学科。发展中的个体,无论处于发展的哪一阶段之中,他们的心理发展既包括心理的各个过程及各个特征,又分别有着主要的发展方面和主要的矛盾。在全面发展的基础上,每一阶段主要矛盾得到解决,即将向下一阶段过渡。发展心理学就要研究个体心理发展各个阶段各方面的矛盾与变化。发展心理学可分为婴儿心理学、幼儿心理学、学龄儿童心理学、少年心理学、老年心理学等分支学科。发展心理学既是心理学理论体系的重要组成部分，又是对发展中的人进行教育、教养的理论根据。

（五）教育心理学

教育心理学是研究学校教育和教学过程中学生的心理活动规律的学科。它主要涉及掌握各科知识和各种技能的心理活动特点及规律，研究智能的发展与智力测查方法，影响教学过程的心理因素、道德品质与行为习惯的形成规律，以及家庭、学校、团体、社会意识形态等对学生的影响。教育心理学涉及的范围很广，它可包括德育心理、学习心理、学科心理、智力缺陷与补偿、智力测量与教师心理等分支。

（六）组织管理心理学

组织管理心理学研究某一群体——一个企业或一个学校——的组织管理工作中人的因素方面。它涉及领导者与被领导者的心理素质以及二者之间的关系的协调问题。一方面，包括领导者对被领导者的心理活动的掌握，例如对生产者的专业能力和技能的了解，用以对人才的估量和选拔；对生产者的动机、情绪和需要的了解，以预测他们的表现和对工作的影响；协调与生产者之间的关系，发挥他们的生产和工作积极性。另一方面，还包括对领导者的心理活动特点的研究。例如领导能力、领导作风、领导心理素质的了解，用以对领导行为的评价和领导者的选拔。组织管理心理学既可用于工业生产、企业经营，又可用于诸如学校、医院、文体机构等事业单位。

（七）临床或医学心理学

心理异常可由遗传和社会适应不良而产生。临床心理学是研究心理异常的发生原因、发病机制、症状与诊断、预防与治疗的学科，并从中分出心理治疗与心理咨询的面对社会和医疗服务的专门事业。临床心理学既包括严重的心理变态疾病（如精神分列症）；也包括轻度的单纯由心理因素所引起的神经症（如神经性焦虑）或抑郁症，还包括由心理因素所引起的身体疾病（如高血压）。后者称为心身医学；并从治疗的角度，研究病因、诊断与预防，形成一门新兴的健康心理学。

对心理异常的研究，不仅对医疗实践有重要作用，而且从异常与正常的比较中，有助于揭示心理的机制。因此，从学科的观点和学术研究的角度，对心理异常的病因、机制、诊断与治疗方面的研究，称为变态心理学。

二、心理学的研究方法

（一）实验法

实验法是心理学研究的主要方法。多数实验是在实验室里进行的。但是实验法也可以在实验室以外进行，称为自然实验法。例如，实验可以在条件相似的不同工厂，试行不同的管理方法；在条件相似的不同学校或班级，采用不同的教学方法，以观察、比较所采用措施的效果。然而实验法的最大特点，在于人为地控制和改变某些条件，引出所要研究的某种心理现象，以得到关于这一现象发生或起作用的规律性的东西。一般来说，实验者对研究主题有一个预期的结果，按照这个预期的结果做出假设，再根据假设，设计实验条件控制，通过这样的控制或改变了的实验条件进行实验的过程，就可得到或证实在这样的条件控制下对所引起的心理现象的影响或它们之间的关系。例如，实验者想要了解学习与遗忘的关系问题，于是做出假设：学习后搁置的时间越长，遗忘的量越大。根据这个假设，实验者人为地给不同组的被试安排相同的学习材料，要求不同组被试在学习后不同的间隔时间后回忆（再现）原学习材料。回忆数量在不同组之间的差异，即表明学习后间隔时间的长短与遗忘之间的规律性。从而揭示学习后在多少时间之内复习会得到最好的效果。在这个实验中，不同组被试的年龄、年级和学习成绩等因素均需予以控制。不同组被试进行回忆的间隔时间是设计中确定的，称为自变量，不同组被试所显示的不同的回忆是因变量，自变量与因变量之间的关系，即显示为证实假设或否定假设。许多问题经过反复的实验和结果的积累，即可揭示所要探知的某些问题的规律。

心理学的许多问题均可在实验室进行研究。尤其对认知过程和心理机制的研究，通过严格控制的条件，可以获得精确的数据，分析出确切的结果。实验常常需用一些现代化的仪器设备。如录音、录像设备、电生理记录设备、视听检测设备、电子计算机等仪器的自动控制和自动记录,可求得更加精确的结果。

需要注意的是,实验法的价值在于它对变量的精确的控制以得出可行的量化结果,而不在于它使用多少或多么昂贵的仪器设备。即使只用纸、笔进行的实验也可能揭示重要的心理规律。

此外,实验法也有其缺陷或不足。一方面,有些问题可能由于涉及伦理、道德或难于直接控制,无法使用实验法,如离婚对子女心理的影响。另一方面,由于实验法中严格控制了变量和条件,与现实生活总不免有一定的差距,在推广应用实验结论时受到一定的限制。

（二）观察法

观察法通常是在自然条件下采用的一种研究方法。它常常是在所研究的题目不适合于在实验室内,以人为方式控制条件下进行时使用的。例如,对灵长类动物行为和它们的社会群居组织方式的研究,通过有计划的自然现场观察,可以得到珍贵的资料,这些资料是无法在实验室安排的条件下进行的。又如,幼儿的社会交往类型或道德行为特征,或母亲-婴儿间感情交往的发生和发展,为了不受实验室人为条件的影响,也常常是在自然生活条件下进行观察。

观察的进行也要有严格的计划。尤其是对某一过程的变化情况的了解,或对心理某一方面的发展情况的研究,要在一定的时间间隔之内,有计划地、连续地进行观察记录,以便积累资料,进行比较和分析,以求得可靠的结果。

观察法的优点在于保持了心理表现的自然性不附加人为的影响。观察过程的进行一般不让被观察者知晓。现代化仪器设备在观察中也很重要,它们被用来把观察的资料记录下来,供事后分析研究和收集数据使用。观察法的运用不只在于记录事实,而是在于客观地解释这些事实以及它们产生的条件和原因。因此,对观察过程的解释要避免观察者的主观推测或偏见,而必须依赖科学研究的客观化原则来进行。

（三）测验法

测验法也是被广泛使用的心理学研究方法,它与实验法与观察法均不相同。如果说实验法是用来通过控制条件以求得确切的心理事实材料，使用于更多地属于心理的自然科学方法的研究。那么，测验法常常是用来研究那些难以确定自变量和因变量关系的，更多地使用于复杂的心理社会方面的研究。测验是针对所要研究的问题，首先制订一个可供测量的量表或问卷。被试按照量表或问卷上的项目或题目作答，可得到所研究问题的资料。为了求得被试回答的准确性和客观性，量表或问卷本身的制订就是科学研究的问题和过程。例如，为研究儿童的智力发展水平，首先提出符合各不同年龄儿童的测量项目，把这些题目在大量的相应年龄的儿童中进行测试，按照统计学处理的结果，修订和筛选这些项目，最后得出适合于测量各年龄儿童智力水平的项目量表。这个过程称为量表的标准化。经过标准化的量表意味着它能比较客观地反映这些年龄阶段儿童所应达到的智力标准。因此，只有经过标准化的量表才能作为可靠的工具，按照它的规定用来测量某一特定群体儿童的智力水平。换句话说，测验绝不是任意提出几个题目用来让儿童回答便能得到符合科学性的结果的。任何一个量表或问卷的建立都必须首先进行标准化的测量工作；测验本身的建立就是一项严格的科学工作。

测验可用于一般智力、特殊能力、人格特性、职业人员选拔等方面的测量。测验的优点在于，一个测验的量表一旦确立，就可在它所规定的问题上和所规定的人群范围内的大量人群中使用，成为了解这一人群在这个量表所规定的范围内的测量工具。

（四）模拟法

近年来，随着计算机科学的发展，心理学中使用了一种新的研究方法，就是模拟法。模拟法是采用技术模拟或数学模拟，以求得对所研究心理现象的某些方面的认识。模拟法并不直接研究心理现象，而是通过与所要认识的心理现象有某些类似的模型来研究。通常采用的是编制可输入计算机的程序（数学模型）来模拟所要揭示的心理规律。首先按照所要研究的课题的假设，编制一个以数学形式呈现的程序，通过计算机对这一程序的处理，用所得的结果来验证所研讨问题的假设。通过模拟法所得结果的可靠性在于所运用的模型和所研究问题的相近程度。模拟法的优点在于，它以数学的严格规律来呈现研究的客观性和准确性，来检验研究假设和实验程序是符合严格的数量化规律的。

三、心理学的研究对象

（一）注意过程

注意是心理活动对一定对象的指向和集中。指向性和集中性是注意的两个基本特征。所谓指向性，是指在某一特定时间内，我们的心理活动有选择地朝向一定的对象，而同时离开其余对象。例如，我们注意听课时，就不能把心理活动朝向教室之外的一切事物，只能有选择地朝向教师。当心理活动指向一定事物时，我们的心理活动就会贯注在这一事物上，对其余的事物不予理会，以保证对所选的对象做出清晰的反映，这就是集中。集中有两种情况：一是指在同一时间内各种有关的心理活动共同集中于一定的对象，通常我们说的"聚精会神""专心致志"就是指人的各种有关的心理活动都共同地指向一定的对象；二是指同一种心理活动不仅指向一定的对象，而且维持着这种指向，使活动不断地深入下去。通常我们所说的"注视""倾听"就是指人们某种心理活动持续、深入地维持着这种指向。指向与集中是密切联系的，指向是集中的前提和基础，集中是指向的体现和发展。

注意的基本功能是对信息进行选择（选择功能），另外，注意也是完成信息处理过程的重要的心理条件；保证对象维持在意识中心得到更清晰的认识、更准确的反应和更可控有序的行为（维持功能、整合功能和调节功能）。注意并不是一切心理活动进行的必要条件，心理活动既可以在注意状态下进行，也可以在不注意状态下进行，但在注意状态下进行效果最好。所以注意是有效进行心理活动、完成各种任务的重要心理条件。

衡量人注意水平（品质）的指标有四个：注意的广度，注意的稳定性，注意的分配，注意的转移。注意的广度指在一定时间内注意能够把握的对象数量的品质。影响注意广度的因素有：个人的信息加工容量，对外界信息的编码水平。

注意的稳定性指注意在一定时间内保持在某个对象或活动上的品质。注意的稳定性不是注意长时间绝对固着在一个物体或物体的某一点上，实际上，在注意过程中会发生一系列的波动（注意动摇），这种波动一般不影响注意的总体稳定。注意的稳定性是指在同一活动中，注意所接触的具体对象和活动方式可以变化，但活动的总方向不变。影响注意稳定性的因素包括刺激物的强度和持续时间，刺激物在时间和空间上的不确定性，活动内容和活动方式的多样化，了解活动结果及身体状况等。

注意的分配指在同一时间内把注意分配到两种或几种不同的对象或活动上的品质。实现注意分配的条件是同时进行的几种活动都达到熟练化或至多有一种活动不熟悉。注意的分配还与感觉通道被占用的程度有关，与同时进行的几种活动的性质有关。严格地说，注意的分配并非发生在同一时间内，而是注意的迅速转移。

注意的转移指根据新的任务主动地把注意从一个对象转移到另一个对象上的品质。注意的转移可发生在同一活动的不同对象间，也可发生在不同的活动间。注意的转移与分心不同，分心是需要注意稳定时，受到无关刺激的干扰，注意离开了需要注意的对象。分心是注意的一种缺陷。注意转移的速度和质量依赖于前一活动的性质、前后活动的关系及人们对前一活动的态度。

（二）认识过程

认识过程亦称认知过程，是人接受、储存、加工和理解各种信息的过程，即大脑对客观事物的现象和本质的反映过程。按水平由低到高，认识过程依次是感觉、知觉、记忆、思维和想象。

1. 感觉

感觉是大脑对直接作用于感觉器官的客观事物的个别属性的反映。当然感觉并不一定同时只反映一种属性，而可以反映多种属性，但在感觉中，各种属性之间既无组织又无界限。感觉是认知的开端。人们关于世界的认识首先来自感觉。只有通过感觉，我们才能分辨事物的各种属性，才能了解自身的运动、姿势及内部器官的活动情况。

感觉是一切心理活动的基础。离开了感觉，其他任何高级或复杂的心理现象都无从谈起。同时，限制或剥夺人类的感觉经验，可能会造成正常心理状态的扭曲，影响知觉、记忆、思维等更为高级的心理过程。

• 感觉剥夺实验 •

研究者在付给大学生每天 20 美元的报酬后,让他们在缺乏刺激的环境中逗留。也就是令参与者在限制视觉(戴上特制的半透明的塑料眼镜)、触觉(手臂套上纸板做的手套和袖子)和听觉(实验在隔音室里进行,用空气调节器的声音代替其听觉)的环境中,静静地躺在舒适的帆布床上。实验结果显示:参与者大多感到无聊和焦躁不安。在实验过后的几天里,参与者注意力涣散,不能清晰地思考,智力测验的成绩不理想。通过对脑电波的分析,参与者的全部心理活动严重失调,有的甚至出现了幻觉(白日做梦)。

比较常见的对感觉的分类,是从感觉器官的角度来划分,即外部感觉与内部感觉。其中视觉和听觉是人们最为重要的两种感觉。视觉是个体辨别外界事物的明暗、颜色等特性的感觉。它是人类的主导感觉,在人类感觉系统中占有最重要的地位。研究表明,在人类认识世界的过程中,有 80% 左右的信息是靠视觉获取的。听觉是个体对声波物理特性的反映,是仅次于视觉的一种重要的感觉。人类的语言及其他所有与声音有关的信息,都靠听觉获得。当一个物体振动时,就会产生周期性声波,它通过空气向各个方向传播。这些声波就是听觉的物理刺激。

2. 知觉

知觉是个体对直接作用于感觉器官的客观事物的各种属性、各个部分以及它们之间关系的综合的、整体的反映过程。与感觉一样,知觉也是对当前直接作用于感官的客观事物进行的反映,离开了客观事物的直接作用就不能产生感觉和知觉。感觉和知觉同属于认识过程的感性阶段。然而,感觉与知觉又是有区别的,首先,感觉是对客观事物的个别属性的孤立的、无组织、无界限的反映;知觉是对客观事物的各种属性、各个部分及其关系的有组织、有界限的整体的反映。其次,一般来说,感觉仅依赖于个别感觉器官的活动,而知觉则依赖于多种感觉器官的联合活动。再次,感觉的产生主要由刺激物的性质决定,而知觉除了受刺激物的性质制约之外,还受个体的其他心理成分影响,如需要动机、兴趣、需要、记忆、言语、思维的参与，在很大程度上依赖于个体的知识经验。人们在知觉客观事物时，总是有意识或无意识地在头脑中对获得的信息进行加工，把它归纳到已有的经验体系之中，并说出其名称。所以，并非完全是外界如何，知觉就是什么样，也不是感觉到的客观事物属性的机械总和。知觉总要带有一定的主观性。同一个物体，不同的人由于知识背景不同，知觉得到的映象就不同，这是一种比感觉复杂得多的心理活动。

根据知觉发生时起主导作用的感官的特性，可以把知觉分为视知觉、听知觉等；根据知觉对象的特性，可以把知觉分为空间知觉、时间知觉和运动知觉；根据知觉是否符合实际，可以分为正确知觉、错觉等。

空间知觉是对物体空间特性的反映。包括形状知觉、大小知觉、深度和距离知觉、方位知觉。时间知觉是对客观事物和事件延续性和顺序性的反映。时间知觉具有四种形式：对时间的分辨，对时间的确认，对持续时间的估量，对时间的预测。运动知觉是对物体空间位移的反映。运动知觉分为真动知觉和似动知觉。错觉一般指人们对客观事物形成的不正确的知觉。错觉可能发生在人们的各种知觉中，如运动错觉、时间错觉等。

3. 记忆

记忆是过去经历过的事物在大脑中的反映。所谓经历过的事物，主要指过去曾感知过的事物，思考过的问题，做过的事情以及体验过的情感。这些事物会在头脑中留下一定的痕迹，随着时间的推移，这些痕迹有些因被强化而保存下来，有些因没被强化或强化不够而趋于消退。在一定条件的诱发下，那些仍然保持在大脑中的痕迹会被重新激活。这些经历过的事物的痕迹的形成、保持及激活都属于记忆过程。

记忆过程主要包括识记、保持、回忆或再认等几个环节。识记是识别和记住事物，从而积累知识经验的过程，它是记忆过程的开端；保持是巩固已经获得的知识经验的过程；过去经历过的事物在头脑中重新呈现出来的过程称为回忆；过去经历过的事物再次出现时能够把它们辨认出来称为再认。记忆过程的这几个基本环节是相互联系、相互制约的。识记和保持是再认或回忆的前提和保证，再认或回忆是对识记和保持效果的检验，并进一步巩固和加强识记和保持。

根据记忆的内容，记忆可划分为形象记忆、情景记忆、语义记忆、情绪记忆和运动记忆；根据记忆内容保持时间长短，记忆可划分为瞬时记忆、短时记忆和长时记忆；根据有无目的，记忆可分为有意记忆和无意记忆。

记忆在整个心理活动中占有重要位置。人类的所有心理活动，几乎都需要过去经验的参与。记忆是使人类心理活动在时间上得以接续的根本保证，它使个体当前的反映总是建立在以往反映的基础之上，由此个体心理才能由低向高得到发展。记忆联结着人类心理活动的过去和现在，是正常学习、工作、生活不可缺少的心理活动之一。

4. 思维

思维是大脑借助语言、表象、动作实现的对客观事物的间接和概括的反映。思维能反映事物的本质特征和内部联系。是认识的高级形式，它主要表现在人们认识新事物、解决新问题和创造新产品(思想产品和物质产品)的活动中。

概括性和间接性是思维的基本特征。概括性指思维在大量感性材料的基础上，能达到对事物完全概括的反映，即反映一类事物的本质属性和事物之间的规律性联系。间接性指思维是借助于其他事物和已有的知识经验等媒介来间接地推断事物的本质和规律的。

分析和综合是思维的基本过程。分析有过滤式分析和综合性分析。综合性分析是把问题的条件与要求综合起来进行深入分析，揭露其内在联系，从而发现解决问题的方向，这是更有效的分析方式。综合也有联想式综合和创造性综合。创造性综合是在事物的各种属性间建立起新的联系或关系，一旦这种联系或关系为人们所熟悉，就会转变成联想式综合。

思维的基本形式包括概念、判断和推理。概念是大脑反映事物本质的一种思维形式，是思维的最基本的单位。判断是肯定或否定某事物具有某种属性的一种思维形式。任何判断都是人们对事物的一种认识，都是对事物之间关系的反映。思维过程要借助判断进行，思维的结果也是通过判断的形式表现出来的。推理是根据已知判断推出新判断的思维过程。每一个推理都由前提和结论两部分组成。推理可分为演绎推理和归纳推理两种。前者是从一般原理到特殊事例的推理；后者是从许多事例得出一般结论的推理。

5. 想象

想象是人对头脑中的已有表象进行加工改造，创造出新形象的过程。形象性和新颖性是想象活动的基本特点。想象首先具有形象性，它处理的是形象性信息而不是符号信息，是由已有表象加工改造而形成新形象的过程。想象具有新颖性是指无论何种想象的结果，至少是本人未曾感知过的事物的形象，甚至是现实中不存在或不可能有的事物形象。

根据想象有无目的，可以将想象分为无意想象和有意想象。无意想象分为一般无意想象和特殊无意想象，一般无意想象是在清醒状态下，没有预定目的、不自觉的想象。特殊无意想象是在不甚清醒的状态下，没有预定目的、不自觉的想象，包括梦、药物和疾病引起的幻觉和妄想等。有意想象包括再造想象、创造想象和幻想。再造想象是根据别人的言语叙述或图形示意，在头脑中形成相应新形象的过程；创造想象是不依据现成的描述而独立创造出新形象的过程；幻想是创造想象的一种特殊形式，它是符合个人愿望、指向未来的想象。由于幻想不一定要求人们付诸行动，因此就会有两种幻想：理想和空想。理想是符合实际、符合客观规律的幻想，理想对人们的行为具有定向、推动、维持等调节作用。空想是不符合实际、不符合客观规律的幻想，空想虽可以给人带来一时的心理满足，但却会引出长久的失望和懒惰。

（三）感情过程

感情是情绪和情感的统称，是人类的主观体验。感情不同于认识过程：认识过程是人对客观事物本身的反映，而感情是反映客观事物与人类需要之间的关系；认识过程是通过形象或概念来反映客观事物，而感情是通过体验来反映的。

情绪和情感有一定的区别：第一，情绪通常与生理需要相联系，而情感则与社会性需要相联系；第二，情绪具有情景性和短暂性，情感则具有相对稳定性、持久性；第三，情绪有明显的外部表现，情感则比较内隐和深沉。

人类的情绪和情感虽有区别，但两者又是密不可分的。它们都是对需要是否满足所产生的体验，是同一类型的心理活动。在一定意义上可以认为，情绪是情感的外部表现；情感是情绪的本质内容。一般来看，情感的产生会伴随情绪反应，情绪的变化又常常受情感的支配。有些心理学家把各类情绪和情感统称为感情。也有些心理学家对情绪和情感两个概念做了较为严格的区分。

心理学研究表明：情绪、情感能促进或阻止工作记忆、推理操作和问题的解决。一般情况下，短暂的情绪与情感体验随着刺激的消失而消失，不会对健康有不良影响；积极的情绪与情感的延续，不但不会损害健康，反而有利于身心健康。但如果消极的情绪与情感（如焦虑、紧张、忧愁、悲伤等）长期存在，而且由情绪引起的生理变化不能复原时，这种情绪的长期压力就会导致健康的损伤。损伤的程度因人而异。有人对长期的挫折、紧张情绪有较强的耐受力，这种消极情绪会影响他的工作效率，但不一定会危及心理健康。

（四）意志过程

意志是人们根据对客观事物的认识和需要，确定行动的目的，调节自己的行动，克服困难，实现预定目的的心理过程。意志是人类特有的心理现象，它主要表现为对行动的调节，这种调节包括发动和制止两个方面。发动是指推动人们从事达到目的的行动，制止指抑制那些与目的不符的愿望和行动。

由意志支配的行动称为意志行动，大致可以分为两个阶段：采取决定阶段和执行决定阶段。前者是意志行动的开始阶段，它决定意志行动的方向，是意志行动的动因；后者是意志行动的完成阶段，是指将个体内心的期望、计划付诸实践，以达到某种目的。

附录 2

心理问题的界定与评估

应对心理问题，前提是知道什么是心理问题，有没有心理问题，如果有心理问题，则要明确是什么性质、什么类型的心理问题，其程度如何，这就涉及心理问题的界定与评估。

一、心理问题的概述

心理问题也称心理失衡，是正常心理活动中的局部异常状态。心理问题不同于生理疾病，它是由人的内在精神因素，准确的说是大脑中枢神经控制系统所引发的一系列问题，不存在心理状态的病理性变化。具有明显的偶发性和和暂时性，常与一定的情境相联系，常有一定的情景诱发，脱离该情景，个体的心理活动则完全正常。它会间接的改变人的性格、世界观及情绪等。按不同标准，心理问题可有不同分类。

（一）心理问题的程度分类

按程度或等级，心理问题由低到高，可划分为 3 个等级：不良状态、心理障碍、精神疾病。

1. **不良状态**

心理不良状态又称第三状态，是界于健康与疾病之间的一种状态。是正常人群中常见的一种亚健康状态，它是由个人心理素质（如过于好胜、孤僻、敏感等）、负性生活事件（如工作压力大、晋升失败、婚恋挫折等）、身体不良状况（如长时间加班劳累、身体疾病）等因素引起的。其特点是：①时间短暂，此状态持续时间较短，一般在一周以内能得到缓解；②损害轻微，此状态对个体社会功能影响比较小，个体一般能够完成日常工作，只是感觉到的愉快感小于痛苦感，"很累""没劲""不高兴""应付"是他们常说的词汇；③自我调整，此状态者大部分能通过自我调整（如休息、聊天、运动、钓鱼、旅游、娱乐等放松方式）使自己的心理状态得到改善，小部分人若长时间得不到缓解可能形成一种相对固定的状态，这一小部分人应该去寻求心理咨询的帮助，以尽快得到调整。

2. 心理障碍

心理障碍是因为个人及外界因素造成心理状态的某一方面（或几方面）发展的超前、停滞、延迟、退缩或偏离。其特点是：①不协调性，心理活动的外在表现与其生理年龄不相称或反应方式与常人不同。如成人表现出幼稚状态（停滞、延迟、退缩），对外界刺激的反应方式异常（偏离），等等。②针对性，处于此状态的人往往对一些敏感的事、物及环境等有强烈的心理反应（包括思维和行为等方面）。③损害较大，对个体的正常社会功能影响较大。当事人可能无法按正常标准完成某项（或某几项）社会功能。如社交焦虑者不能正常进行社交活动，锐器恐怖者不敢使用刀、剪。④求助医生，处于此状态者大部分不能通过自我调整和非专业人员的帮助解决自身问题，接受心理咨询或心理治疗是一个必要的环节。

3. 精神疾病

精神疾病是由于个人或外界因素引起的个体强烈的心理反应（思维、情感、行为、意志等）并伴有明显的躯体不适感，是大脑功能失调的外在表现。其特点是：①强烈的心理反应，可出现思维判断上的失误，思维敏捷性下降，记忆力下降，头脑有粘滞感、空白感，强烈的自卑感及痛苦感，缺乏精力、情绪低落或忧郁，紧张、焦虑，行为失常（如重复动作，动作减少，退缩行为等），意志减退等。②明显的躯体不适感，如消化系统出现问题，表现为食欲不振、腹部胀满、便秘或腹泻等；内分泌系统出现问题，表现为女性月经周期改变、男性性功能障碍等。③损害大，患者的社会功能严重受损，痛苦感极为强烈，"哪里都不舒服""活着不如死了好"等是他们真实的内心体验。④需接受精神科医生的诊断与治疗，精神疾病一般不能通过自身调整或非专科医生的治疗而康复。对此类患者的治疗一般采用心理治疗和药物治疗相结合的方法。在治疗早期通过情绪调节药物快速调整情绪，中后期结合心理治疗解除症状并通过心理训练恢复患者的社会功能，提高心理健康水平。

还有人按程度将心理问题分成两级：一般心理问题和严重心理问题。在情绪反应强度、情绪体验持续时间、行为受理智控制程度、泛化程度等方面，两者具有不同特点。具体见表附2-1。

表附2-1 不同程度心理问题的具体表现

维度	一般心理问题	严重心理问题
情绪反应强度	由现实生活、工作压力等因素引起的内心冲突，伴有不良情绪反应，内心冲突具有现实意义且带有明显的道德色彩。	由较强烈的、对个体威胁较大的刺激引起，体验着强烈的痛苦情绪。
情绪体验持续时间	求助者的情绪体验时间不间断地持续1个月或者间断地持续2个月。	情绪体验超过2个月，未超过半年，不能自行缓解。
行为受理智控制程度	不良情绪反应在理智控制下，不失常态，基本维持正常生活、社会交往，但效率下降，没有对社会功能造成影响。	遭受的刺激越大，反应越强烈。多数情况下，会短暂失去理智控制，难以解脱，对生活、工作和社会交往有一定程度的影响。
泛化程度	情绪反应的内容对象没有泛化。	情绪反应的内容对象已泛化。

（二）心理问题的性质分类

按照性质的不同，可以将个体心理问题划分为三类：发展性心理问题、适应性心理问题与障碍性心理问题。

1. 发展性心理问题

所谓发展性心理问题，主要是指个体自身不能树立正确的自我认知，特别是对自我能力、自我素质方面的认知，其心理素质及心理潜能没有得到有效、全面的发展。是管理心理学、教育心理学，特别是积极心理学等心理学科的研究范畴。

发展性心理问题的解决重在帮助个体提高心理素质，健全人格，通过有针对性的教育和训练，培养其良好的心理素质，塑造健康、完整的人格，成为适应现代社会需要的合格个体。其特点主要体现在自负或缺乏自信、志向过高或偏低、责任目标缺失等几个方面：

（1）尚待完善。发展性心理问题针对的是心理健康、身心正常的个体，但在发展方面仍有潜力可挖，心理素质尚待完善。

（2）开发潜能。发展性心理问题的解决，重在引导个体在一个更新的层面上认识自我，开发自我潜能。而这种潜能的开发因为具有突破自我认识局限性的特征，往往使个体在能力发展，信心重建等方面实现一定的飞跃，使自己得到更充分的发展。

（3）强调发展。发展性心理问题的解决，虽然也对个体的工作、适应、发展等问题给予指导与帮助，但更侧重于"发展"方面，即促进心理素质的发展。它对个体所作的一切工作包括指导个体调节和控制情绪、改善精神状态、建立自信心等，都是以个体能够更好、更充分地发展为目标的。

2. 适应性心理问题

适应是个体通过不断做出身心调整，在现实生活环境中维持一种良好、有效的生存状态的过程。而适应性心理问题则是个人与环境不能取得协调一致所带来的心理困扰。主要是健康心理学、发展心理学、社会心理学、工程心理学、生理心理学、人格心理学、犯罪心理学、咨询心理学、教育心理学、管理心理学等心理学科的研究范畴。

哈特曼认为：适应是个体终生维护心理平衡的持续过程，无须付出太高的代价去处理一个具有一般性及可预期性的环境。由此不难发现，适应是个体与环境在相互作用中发生改变的过程，既然是相互作用，发生改变的应该是双方。但人们在谈到适应时，心中想的主要是个体的改变，是个体改变自身去顺应环境的变化；个人与环境的关系体现为一种状态，即个人与环境之间的一种和谐、平衡的状态，这种平衡是机体与环境在不断运动变化中所取得的，这种平衡不是绝对静止的，某一个水平的平衡成为另一个水平平衡运动的开始。如果失衡，就需要改变自身以重建平衡。适应性心理问题的特点主要有以下几个方面：①准正常人。适应性心理问题针对的是身心发展正常，但带有一定的心理、行为问题的个体，或者说"在适应方面发生困难的正常人"。②救助认知。适应性心理问题的解决，注重的是个体的正常需要与其现实状况之间的矛盾冲突，大部分工作是在个体的认识水平上加以帮助。③唤醒理性。适应性心理问题的解决，重视个体自身理性的作用，帮助者并不是要亲自指导个体直接解决问题，满足其需要，而是帮助其分析情况，提出合理解决的途径和方法。强调发掘、利用其潜在积极因素，自己解决问题。对于环境的改善，也是在现有条件的基础上提出改进意见。④强调指导。对适应性心理问题的救助，侧重于工作指导、交往指导和生活指导等方面，主要解决个体在这些方面所遇到的各种心理问题。

3. 障碍性心理问题

障碍性心理问题有时候也称为"心理障碍""心理疾病"，是变态心理学、临床心理学、健康心理学、生理心理学、犯罪心理学、咨询心理学等心理学科的研究范畴。其特征为，一是个体持久地感受到痛苦（一般以6个月为界线）；二是社会功能受损，表现为人际关系糟糕，容易产生对抗甚至敌对行为；三是表现出与当地文化不相符的特殊行为。个体障碍性心理问题是多种多样的，常见的有以下几种类型：焦虑性障碍；抑郁性障碍；强迫性障碍等。

当个体遭遇人际关系的严重冲突、重大挫折、创伤或面临重大抉择时，一般都会表现出情绪焦虑、恐惧或者抑郁，有的表现沮丧、退缩、自暴自弃，或者异常愤怒甚至冲动报复。有的往往是过度应用防御机制来自我保护，且表现出一系列适应不良的行为。如果长期持续的心理障碍得不到适当的调适或从中解脱，就容易导致严重精神疾病的产生，产生比较严重的后果。

二、心理问题的评估

心理问题的评估是心理评估（psychological assessment）中的一种，由于经常用于临床，亦称临床心理评估（clinical psychological assessment）或心理诊断（psychological diagnosis）。心理评估是用心理学的方法和技术评价人的心理状态、心理差异及行为特征，以确定其性质、类型和程度，对心理活动、行为特性或心理病态进行测量并做出评价，也包括对心理治疗效果及预后做出评价。心理问题评估是运用各种心理方法，如观察法、访谈法、心理测量法等，围绕解决某一心理问题所做的综合评价过程。心理评估在心理学、医学、教育、人力资源、军事司法等部门有多种用途。

心理问题评估如果为临床所用，其主要有两种功能：单独或辅助做出心理问题诊断；指导制定心理问题干预措施，并常作为效果评价的指标。心理问题评估在临床心理学中有其特殊的诊断价值和地位。如应用临床神经心理学中的成套测验技术，可以提高神经病学心理检查的水平。临床心理学家认为心理评估技术对于发现某些大脑功能障碍，可能要比物理的或生理的方法更为敏感。因此，正确运用心理评估技术，对提高心理疾病的诊断质量是十分有用的。

（一）心理评估的模式

心理学中的评估长期以来遵循着医学诊断模式，由于强调为心理健康服务，心理疾病一直是评估的重点。这里评估即含有诊断的意义，通常要确定心理疾病的性质、程度以及起因，为心理咨询和治疗服务。现代心理学的服务对象已从有心理问题的人转为面向全体人，评估模式也逐步发展为一种更加整合的模式。但是无论哪种模式，最基本的工作都涉及分类，即按照一套特殊的规则，将不同的心理问题现象归入不同的类别。分类有两种水平，一种是确定什么样的心理功能是变态的、偏常的或需要治疗的，另一种是区别心理功能的类型或不同的维度。心理现象的复杂性和心理学发展水平的局限性决定了心理功能分类系统并不完美。以尚不完美的分类随意为被评价者贴标签，尤其是对儿童，将会带来很大的危险。由于这一问题的污染效应，许多专家强调心理评估的个别化。他们认为，因为每个人都是一个独特的个体，那么心理功能的评价也应保持这种独特性，对每个学生的评价都应具有特异性，而不必与其他个体去比较或归入某一类别。其实，心理评价的一般性和特异性是一个事物的两个方面，都是应当考虑的。心理正常或偏常、智商高或低总是相比较而言的，但每个个体的表现形式，不同问题的独特组合，不同心理功能的内部差异以及问题的成因却又是特殊的。因此，进行心理评估必须慎之又慎。分类是以特殊的规则或理论模式为基础的。临床心理学的分类模式至今仍影响着心理评估。这些模式有医学模式、多元模式和整合模式。

1. 医学模式

医学模式主要是以临床经验为基础产生的，它认为只要存在一种心理或精神疾病，就会有表明这种疾病存在的症状，诊断系统定义了哪些特征是诊断的指标。医学模式的主要特点是：第一，由于强调了心理障碍的核心症状，因而不同的诊断系统会因用于定义心理障碍的理论不同而有很大的差别；第二，由于强调了病理学的内容，诊断系统在病与非病之间做了明确的划分，基本的假设就是有障碍与无障碍的个体间有质的区别。

2. 多元模式

多元模式又称心理测量方法。在这种模式中，多元统计技术被用来分离出有内部联系的行为模式，行为的症状是用行为间或行为与协变量间的统计关系来定义的。如果行为间有高相关，那么这些行为就构成了一个症候群。决定行为间协方差关系的主要统计方法是因素分析。这种模式强调了量的差别。一旦行为症状通过统计分析被分离出来，那么人在行为各维度的机能水平就可确定了。行为症状是沿着正常到偏常的连续体被概括的。一般是将人与代表性常模样本相比较，在某些维度上如果远离常模团体的平均水平，即被认为是偏常的。

3. 整合模式

医学模式过分强调了正常与非正常间质的区别，而多元模式则过分依赖统计分析，又缺乏明确的理论支持，都暴露出一些缺陷。人的某些心理现象可能是分布在一个正常的连续体上。如果能够将两种方法结合起来，将有助于提高心理评估的水平。现在，心理评估更多地强调对人的心理特性与机能进行定性与定量相结合的综合评估模式。

（二）心理评估的原则

1. 发展原则

美国心理学家拉特（M.Rutter）和加米泽（N.Garmezy）在其《发展心理病理学》一书中提出了发展心理病理学的一般原则，即人的情感和行为机能必须在发展的背景下去理解，同时也必须在发展的框架内去评价。在发展的背景下理解人的行为，在发展的框架内评价人的行为，同样也应是心理评估的普遍原则。心理评估中与发展有关的理念主要涉及发展常模、发展过程、发展的稳定性。

（1）发展常模。在发展的背景下理解人的心理机能和行为，首先要考虑发展常模。人的许多行为是随年龄变化的，在某一年龄段很普遍的行为，在其他年龄段可能相对就不普遍。如对黑暗和想象中的生物的恐惧在学前和低年级学龄儿童中相当普遍，但随年龄增长就减弱了。承认人类行为的发展变化对于心理评估是非常重要的，因为同样的行为在某一年龄段属发展正常范围内的，而在另一年龄段却可能是病理的指标。

（2）发展过程。为了正确解释评估的结果，评价者还必须了解发展过程。发展过程应包括两个方面，一是人的一般发展过程，二是每个评估对象独特的个人发展史。一般发展过程指年龄阶段的发展。每个年龄阶段的发展都是一些相互联系的机能相互作用的结果。每个年龄阶段都有特定的发展任务或发展需要，这种独特的发展需要导致了与年龄相关的发展变化。仅把人的行为与年龄常模比较，并不能解释为什么一些行为在某些年龄段明显增多，不能确定它们究竟是正常发展过程的变形，或是与正常发展有质的偏离的病理发展过程的指标。儿童的个人发展史应包括个人在不同发展阶段的一般发展状况，既往病史和家庭史。了解个体独特的发展过程将有助于探明心理问题形成的机制和原因。

（3）发展的稳定性。稳定性指的是行为跨时间、跨情境的一致性。从发展的观点正确看待心理特质和行为的稳定性是非常重要的。稳定性是心理评估中一直有争议的问题。例如，有人对人格概念提出质疑，认为人格是指行为跨时间、跨情境的一致性特征，但实际上许多行为并不具有这种一致性。儿童期的飞速发展变化决定了儿童行为的稳定性相对低于成人。然而儿童的一些行为仍有一定的连续性。稳定性程度取决于所评价的心理机能和行为的类型，评价了心理机能和行为的哪些方面，评价的是孤立的行为，还是行为不同维度的集合。例如，研究普遍发现，外显行为比内化行为更稳定；不同维度行为的集合体比孤立的行为更稳定。另外，在一些行为上的不稳定也许真实地反映了这样的事实，即不适应只是一种暂时现象，可能就是个体应对压力的一种发展性反应。

2. 综合原则

在心理评估中，不仅要遵循发展原则，还要遵循综合原则。共生现象是一个生物学术语，这里借指同一个体的适应问题或心理障碍总是两个或更多的问题相继或同时出现，很少是孤立的问题。观察发现，有许多人经常会出现多方面（如情绪、学习、社交等）问题。这种共生现象也决定了大多数心理评估必须是综合性的。评估不仅应跨越不同的社会背景，也应跨越不同的心理机能；不仅要评价个体所报告的问题，也应该评价那些潜在的共生问题。有时可能会发现一些最初报告的问题其实并不是主要问题，一些症状可能会因其他共生问题而加重。对共生条件的评价同样必要，因为有效的干预方案的设计需要综合多种参数。

（三）心理诊断标准

心理问题的准确诊断是对心理问题实施有效治疗的前提。诊断首先是对病状进行分析，通过分析对它进行相应归类，再用适用于这种病状的相应的方法进行治疗。因此，症状不同所使用的干预方法也不同。诊断的另一个表现是按照症状进行分类，有时症状很明显，分类较容易，但有时症状不明显。有的人症状表现较多，有的人症状表现很少，要对此进行归类必须依赖精细的诊断。有的情况下，人们的症状表现是不连续的，有时有症状表现，有时症状消失，因此诊断并不是一个简单的过程，需要一定的时间。与生理症状的特征一样，同一症状可以归于不同的疾病，不同疾病可以有相同的症状，如发烧、无力、失眠是很多疾病共有的症状。在这样的情况下，经验常常显得更重要些。心理症状也是一样，许多疾病也有相似的表现，如抑郁等，应采用一定的方式对此进行正确的诊断。对同一心理病症而言，又有程度上的区别，而对不同程度的患者应使用不同的治疗方法，因此，诊断的目的之一便是确定其程度。诊断的另一要求是确定其成因，就像一个人说他肚子痛，医生就要检查是着凉引起的，还是饮食、外伤引起的，原因不同，治疗方法也不一样。下面介绍三种主流的关于精神障碍（疾病）的分类和诊断标准。

1. 《国际疾病分类》

《国际疾病分类》（International Classificationof Diseases，ICD）的编撰源于19世纪，但直到1948年第6次修订时，才将"精神障碍"一章编入。实际上，精神障碍分类早在19世纪就开始了，德国医学家、临床分类学创始人克雷丕林将精神障碍划分为3种：早发性痴呆、躁狂症和抑郁症。他以临床观察为基础，以病因学为根据，提出了临床疾病分类学原则。他认为精神病是一个客观规律的生物学过程，可以分为数类，每一类都有自己的病因，特征性的躯体和精神症状、典型的病程经过和病理解剖所见，以及与疾病本质相联系的其他因素。他的重大贡献是第一次将早发性痴呆作为疾病单元来描述，认为青春痴呆、紧张症和早发性痴呆的表现虽然不同，但却是同一疾病的亚型。躁狂症和抑郁症临床表现虽然完全相反，却是同一疾病的不同表现。克雷丕林使精神病的研究从症候群的基础进入自然疾病单元的研究，他也成为现代精神病学奠基人。1889年巴黎国际精神病学会议把精神疾病（障碍）分为11种：狂症、郁症、周期性精神病、进行性系统性精神病、痴呆、器质性与老年性痴呆、麻痹性痴呆、神经症、中毒性精神病、道德与冲动性精神病、白痴。

《国际疾病分类》1948年第6次修订时，WHO成为其管理者。《国际疾病分类》第6版（ICD-6）首次列入精神疾病一章（第5章），将精神障碍分为26种：精神病10种，神经症9种，人格、行为与智能障碍7种。20世纪50年代以前，精神科医生诊断精神疾病主要依据所学理论和对疾病的认识经验。Ward（1962）曾对诊断不一致的原因进行调查，发现由标准差异造成的占60%。1957年公布了ICD-7；1966年公布了ICD-8，添加描述性定义；1975年公布了ICD-9，将精神障碍分为30类。但是，使用ICD-9后诊断的一致性仍然不高，原因有：①尽管有清楚的概念描述，但没有操作定义标准帮助医生判断患者是否符合做出诊断的要求；②没有订立区别具有相同症状的两类疾病的排除标准作为鉴别诊断指征。1992年公布了《疾病及有关保健问题的国际分类》第10版，简称ICD-10，包括各科疾病。精神科疾病位于第五章，单行本称为《ICD-10精神与行为障碍分类》。ICD-10受DSM-Ⅲ（1980）及DSM-Ⅲ-R（1987）影响很大，表现为：①正式取消神经症与精神病在分类学中的位置；②全面接受DSM系统中情感障碍的分类方法，进一步将抑郁的单次与反复发作划分为轻、中、重度，不接受重度抑郁（major depression）；③接受分裂症后抑郁为精神分裂症的一个亚型；④取消"癔症"名称，将分离性障碍与转换性障碍合并，转换性障碍更名为分离性运动障碍与分离性感觉障碍及其混合性障碍；⑤接受躯体形式障碍、适应性障碍的诊断与分类；⑥不将自我和谐的同性恋视为性定向障碍。ICD-10的编码范围：疾病编码范围是A00-R99，其中明确的疾病是A00-Q00，不明确的症状R00-R99；损伤中毒编码范围是S00-Y98，其中临床表现是S00-T98，外部原因V01-Y98；非疾病编码范围是Z00-Z99。

ICD-10第五章"精神与行为障碍"中精神障碍的分类如下：

F00-F09 器质性（包括症状性）精神障碍

F10-F19 使用精神活性物质引起的精神和行为障碍

F20-F29 精神分裂症、分裂型障碍和妄想性障碍

F30-F39 心境［情感］障碍

F40-F48 神经症性、应激相关的以及躯体形式障碍

F50-F59 伴有生理紊乱及躯体因素的行为综合征

F60-F69 成人人格与行为障碍

F70-F79 精神发育迟滞

F80-F89 心理发育障碍

F90-F98 通常起病于童年与少年期的行为与情绪障碍

F99 未特指的精神障碍

2002年WHO召开的世界卫生大会，鉴于对现代科学进步的期待，特别对于遗传学、神经生物学和文化科学飞速发展的期待，一致同意应当顺应时代发展要求，建立一套以循证医学为根据，得到国际认同的国际分类系统，因此要

对 ICD-10 进行修改。目前，ICD-11 已进入修订阶段，按照计划，将于 2018 年对外公布。

2.《精神障碍诊断与统计手册》

《精神障碍诊断与统计手册》(Diagnosticand Statistical Manual of Mental Disorders，DSM）由美国精神医学学会（APA）主持制订。从 1952 年起制订，经过历次修改，DSM-5（第 5 版）已于 2013 年 5 月对外公布并正式出版发行（中文版由北京大学出版社于 2014 年 7 月出版）。

自 1980 年出版的 DSM-III（第 3 版）起，DSM 系统对每一个有诊断价值的症状都予以明确定义，对病史采集、精神检查均有统一方法。每一个精神疾病都制订了可操作的诊断标准，包括症状学标准、病程标准、严重程度标准、排除标准等。采用了定式症状问卷的方法来收集资料，在很大程度上消除了资料搜集和观察方面的分歧。1990 年 APA 出版发行了 SCID-P（临床定式检查），并与 DSM-III-R（第 3 版修订版）配合使用，其信度、效度及适用性均较好。在对精神分裂症和心境障碍的诊断中诊断的一致性为 95.8%，还有配合 ICD-10 使用的神经精神科临床评定量表标准化工具。

1994 年出版了 DSM-IV（第 4 版），简化了早发痴呆诊断标准；简化了躯体化障碍的诊断标准；充实了偏执性精神障碍的症状学诊断标准；简化儿童精神障碍的分类；充实了脑器质性疾病所致痴呆、遗忘、谵妄的亚型分类。

2000 年美国精神病学会（APA）DSM-5 的计划编订过程开始了，这一浩大工程的第一步包含了美国国家卫生研究院和美国精神医学学会的共同努力，他们的努力为 DSM-5 的推进提供了关键信息。编订委员会促成了各领域的研究小组的形成，如神经系统科学、跨文化问题及发展性问题等领域，并且他们需要在既定的研究日程下提供"白皮书"。这一白皮书，连同对各种重要推荐性问题的总结于 2002 年出版。编订委员会组织了一系列论坛和会议进一步加强了这些工作。从 2004 年到 2007 年，在美国和国际研究领域的一些成员主持下，举办了 11 次学术会议，其主题如："儿童期障碍""人格障碍"和"应激相关障碍及恐惧环路障碍"等。DSM-5 的出版带来了精神障碍的编码、分类和诊断的创新，对多个专业学科都有着深远的影响。

3.《中国精神疾病分类和诊断标准》

我国的精神疾病诊断标准的编制工作始于 20 世纪 50 年代，到 2001 年，已出版公布了三版。我国的精神疾病诊断分类，最开始倾向于苏联的诊断分类，20 世纪 60、70 年代在实践中偏向使用英美分类。1978 年中华医学会开始着手对精神疾病统一分类。20 世纪 80 年代后，国际上对精神疾病筛选和诊断精神疾病的标准尚不相同，北美、亚洲国家多采用 DSM 系统，而欧洲国家多采用 ICD-9。

1982 年，我国第一次全国精神病流行病学调查，工作组采用了 CCMD-1。1984 年，我国制订了精神分裂症和躁狂症、抑郁症的诊断标准；1986 年又订立了神经症的诊断标准，但都不够系统。1986 年，全国第三届神经精神科学学术会议期间，成立了疾病分类与诊断标准工作委员会，经过几年的努力，中华医学会神经精神科学会于 1989 年制订了《中国精神疾病分类和诊断标准（第 2 版）》（CCMD-2）。CCMD-2 既考虑了国际交流的需要，又结合了国内实情，是我国第一个包括了全部精神疾病的统一分类和标准，是我国诊断分类学上的巨大进步。CCMD-2 使用后，诊断一致性得到了明显提高，例如，增加了阴性症状的分量，使其在诊断精神分裂症中比 1981 年、1984 年使用的诊断标准好。对初发和复发的患者均有良好的一致性，且更适用于诊断慢性患者。

为了适应医学发展需要，1994 年我国修订了并通过了 CCMD-2R，并于 1995 年出版应用。该版本通俗易懂，简洁明了，临床适用性好，效度高。CCMD-2R 体现了两条原则：①进一步向 ICD 靠拢，同时参考 DSM 系统的一些优点，保持内容精简的特色。②结合我国国情与传统的诊疗经验，保留一些传统分类、分型方法与诊断或症状学名称，省略了我国少见的疾病内容，以弥补 CCMD-2 的不足并保留了其特点。

2001 年 CCMD-3 公布，CCMD-3 的特点有：以前瞻性现场测试结果为依据，分类进一步向 ICD-10 靠拢；同我国的文化背景、传统习惯、社会道德规范相结合，保留一些有一定影响的疾病单元；根据我国社会文化特点和传统观念，暂不纳入某些精神障碍。

主要参考文献

1. 【英】哈夫洛克·霭理士. 性心理学[M]. 潘光旦译. 北京：生活·读书·新知三联书店，1987.
2. 【英】G·帕里. 战胜危机[M]. 梁庆峰，孙红 译. 北京：生活·读书·新知三联书店，1996.
3. 邵瑞珍. 教育心理学[M]. 上海：上海教育出版社，1988.
4. 邵瑞珍等. 教育心理学——学与教的原理[M]. 上海：上海教育出版社，1983.
5. 李如平. 普通心理学学习与研究[M]. 西安：陕西人民出版社，2007.
6. 张履祥等. 普通心理学[M]. 合肥：安徽大学出版社，2004.
7. 阴国恩等. 普通心理学[M]. 天津：南开大学出版社，1998.
8. 张小乔. 普通心理学应用教程[M]. 北京：中国人民大学出版社，1989.
9. 胡敏等. 大学生心理健康教育与指导[M]. 上海：上海中医药大学出版社，2005.
10. 孔燕等. 微笑成长[M]. 合肥：安徽人民出版社，2003.
11. 董广杰等. 大学生心理健康教育与应用[M]. 北京：中国纺织出版社，2005.
12. 刘丽等. 大学生心理健康教育读本[M]. 太原：山西科学技术出版社，2003.
13. 范红霞等. 大学生心理健康教育与辅导[M]. 太原：山西科学技术出版社，2003.
14. 房素兰等. 让快乐伴随你成长[M]. 沈阳：辽宁大学出版社，2006.
15. 王登峰等. 心理卫生学[M]. 北京：高等教育出版社，2005.
16. 王晓春等. 大学生心理健康教育[M]. 北京：中国商务出版社，2009.
17. 宋宝萍等. 大学生心理健康教育[M]. 西安：西安电子科技大学出版社，2007.
18. 李贤瑜等. 大学生心理健康教育[M]. 南昌：江西人民出版社，2006.
19. 张双会等. 大学生心理健康教育[M]. 北京：中国经济出版社，2005.
20. 李菊华等. 大学生心理健康教育[M]. 郑州：郑州大学出版社，2005.
21. 周家华等. 大学生心理健康教育[M]. 北京：清华大学出版社，2004.
22. 邢莹等. 大学生心理健康教育[M]. 郑州：郑州大学出版社，2005.
23. 梅传强. 大学生心理健康教育[M]. 北京：中国法制出版社，2001.
24. 邱杰. 大学生网络成瘾的心理分析及对策[J]. 中国高等医学教育，2004（03）.
25. 刘明，刘瑞英. 网络环境下信息焦虑症的"弗洛伊德"解析[J]. 图书馆学研究，2010（17）.
26. 马晓慧. 大学生网恋的心理成因及干预措施[J]. 校园心理，2011（06）.
27. 吴友军，孔扬. 关于大学生网恋问题的理性思考[J]. 吉林广播电视大学学报. 2010（05）.
28. 邓凌. 大学生择业的心理误区及调适[J]. 中国青年研究，2005（02）.

29. 张远秀. 试论新时期大学生自主创业应具备的心理素质[J]. 沈阳师范大学学报（社会科学版），2011（03）.
30. 邓水平，朱晓阳，赵薇. 大学生创业心理障碍分析[J]. 科教导刊，2012（01）.
31. 陶思亮等. 大学生创业心理素质现状与教育对策[J]. 思想理论教育，2012（02）.
32. 姚德明，彭晶. 关于大学生创业心理素质的调查报告[J]. 职教论坛，2011（09）.
33. 吴文浩. 大学生创业心理培养策略研究[J]. 考试周刊，2011（61）.
34. 刘祥城. 大学生创业心理品质的培养[J]. 企业导报，2011（03）.
35. 郭韶敏. 论大学生创业心理素质的培养[J]. 继续教育研究，2011（06）.
36. 谷玉冰. 当前大学生抑郁情绪的表现、成因及应对策略[J]. 出国与就业，2011（01）.
37. 胡诚，章聪. 大学生强迫症心理咨询一例[J]. 校园心理，2009（06）.
38. 王芳芳. 大学生健康人格的养成[J]. 广西青年干部学院学报，2011（06）.
39. 陈玲. 大学生常见的人格障碍与自我矫正[J]. 时代教育，2012（04）.